FASHION BUSINESS REVIEW 2019

时尚商业评论 2019

赵洪珊 等 著

中国纺织出版社有限公司 | 国家一级出版社
全国百佳图书出版单位

内 容 提 要

本书是时尚管理领域的最新企业案例及研究专题的论文集。书中按照"应用—理论—趋势"的逻辑思路，分为时尚产业的相关企业案例实践、专题理论总结以及重点调研报告三个篇章组编材料。本书可帮助企业界人士了解时尚管理领域最新动态，也可作为时尚管理专业方向研究生相关课程的参考资料。

图书在版编目（CIP）数据

时尚商业评论. 2019 / 赵洪珊等著 . -- 北京：中国纺织出版社有限公司，2020.1

ISBN 978-7-5180-6819-7

Ⅰ. ①时… Ⅱ. ①赵… Ⅲ. ①企业管理—案例 Ⅳ. ① F272

中国版本图书馆 CIP 数据核字（2019）第 217490 号

策划编辑：郭慧娟　　责任编辑：杨　勇　　责任校对：高　涵
责任设计：何　建　　责任印制：王艳丽

中国纺织出版社有限公司出版发行
地址：北京市朝阳区百子湾东里 A407 号楼　邮政编码：100124
销售电话：010 — 67004422　传真：010 — 87155801
http://www.c-textilep. com
中国纺织出版社天猫旗舰店
官方微博 http://weibo.com/2119887771
北京华联印刷有限公司印刷　各地新华书店经销
2020 年 1 月第 1 版第 1 次印刷
开本：787 × 1092　1/16　印张：8.75
字数：140 千字　定价：88.00 元

前言 FOREWORD

当前我国纺织服装行业转型升级的关键时期中，时尚产业以其高收益率、高贡献率备受瞩目，吸引越来越多的研究学者、实业家关注时尚产业的发展。本书按照“应用—理论—趋势”的逻辑思路，选取时尚管理领域的有代表性企业案例及前沿专题进行写作，分为时尚产业的相关企业案例实践、理论专题总结以及重点调研报告三个篇章。

第一篇“案例实践篇”，选取时尚产业典型企业进行案例分析。刘娜老师和索珊老师的《巴拉巴拉：多品牌、多渠道、新发展》，从多品牌多品类研发、积极拓展海外市场、儿童市场产业集群、协调集团供应链、借助外部咨询等方面，分析巴拉巴拉品牌的创新经验。王秋月副教授的《爱慕：聚力价值链创新》，从聚焦产品和生产、打通全渠道零售两个驱动，分析爱慕企业的成功经验。刘荣老师和江影老师的《韩都衣舍：网络原创品牌的“互联网 + 服装”模式》，总结该企业的服装品牌运营和生态系统运营的双驱动创新模式对其品牌发展的重要影响。常静老师的《酷特智能：C2M 规模化定制模式的智能制造》，从数据驱动制造个性化产品、C2M 商业生态模式、个性化定制生产、企业传承引入公司治理四个方面分析酷特智能的创新经验。白玉苓教授的《老凤祥：基于品牌活化理论的营销创新》，基于品牌活化理论，从产品创新、服务创新、设计工艺创新、品牌推广等方面，分析“老凤祥”这一中华老字号营销创新经验。

第二篇“专题理论篇”，选取时尚产业最新热点问题进行分析。赵洪珊教授的《“互联网 +”服装产业：价值发现与再造》，分析了在“互联网 +”趋势下，服装产业价值创造、价值实现、价值传播与价值传递各环节发生变革，全价值链分工被优化重组，出现全媒体传播、个性化规模定制、O2O 模式渠道融合以及全程协同的智能价值创造等多种创新。马琳副教授的《基于画布的商业模式应用案例分析》，介绍了商业模式研究兴起的背景，详细介绍了商业模式画布这一重要分析工具，并以某服装企业为例讲解商业模式画布的具体应用。王涓副教授的《自主服装品牌运营模式》，概括介绍了我国服装品牌发展历程以及服装品牌格局现状，我国服装自主品牌发展历程，以及我国服装品牌转型升级的重要途径。

第三篇“调研报告篇”，选取重要的行业调研报告说明行业现状。本部分选取了北京服装学院商学院与央视市场调研公司合作完成的《90后人群细分及时尚消费行为研究报告》，分析了90后对时尚行业的重要性，90后细分人群特征及消费行为特征，尤其是新媒体对90后人群消费行为的影响等内容。

本书由赵洪珊主编，马琳和席阳副主编，作者群体来自北京服装学院商学院，一直致力于我国时尚管理领域的教学与研究。可帮助企业界人士了解时尚管理领域最新动态，也可作为时尚管理专业方向研究生相关课程的案例资料。

本书是时尚产业学术界与企业界产教融合创新的一次尝试，希望成为一本对各位读者真正有益的著作。但由于学术水平及经验有限，存在诸多不完善之处，敬请各位读者批评指正。在本书的出版过程中，受到中国纺织出版社郭慧娟女士的大力支持，也在此表示感谢！

作者

2019年7月

第一篇
案例实践篇

第一章
巴拉巴拉：多品牌、多渠道、新发展

浙江森马服饰股份有限公司是一家以虚拟经营为特色、以系列成人休闲服和儿童服饰为主导产品的品牌服饰企业，巴拉巴拉是其主打童装品牌。历经 17 年的发展，巴拉巴拉已经成为我国市场占有率第一的童装品牌。本文通过分析巴拉巴拉品牌的市场环境及竞争品牌，探讨其进行多品牌、多渠道、新发展的品牌核心竞争力及运营策略，最后对品牌提出未来发展建议。

一、品牌简介

浙江森马服饰股份有限公司连续 12 年被评为中国服装行业销售、利润双百强，中国民营企业 500 强，位居中国服装行业竞争力 10 强，是中国服装行业优势企业之一。2011 年 3 月，森马服饰在深交所中小板成功上市，成为市值领先的服饰类上市公司。目前，集团已形成以森马和巴拉巴拉为主打品牌、多品牌集团化经营的品牌体系。

截至 2018 年 6 月 30 日，公司的门店的总体情况如表 1-1 所示，公司营业收入如表 1-2 所示，两个表都显示了儿童服饰在森马集团的突出地位及对森马集团的突出贡献。表 1-1 显示，2018 年前半年中，森马集团公司儿童服饰的门店数量增加 429 个，

表 1-1 森马集团公司门店品类列表

品类	期初		本期增加		本期减少		期末	
	数量（个）	面积（万平方米）	数量（个）	面积（万平方米）	数量（个）	面积（万平方米）	数量（个）	面积（万平方米）
休闲服饰	3628	80.4	391	8.0	136	2.4	3883	86.0
儿童服饰	4795	69.8	429	8.3	243	2.8	4981	75.4

续表

品类	期初		本期增加		本期减少		期末	
	数量（个）	面积（万平方米）	数量（个）	面积（万平方米）	数量（个）	面积（万平方米）	数量（个）	面积（万平方米）
合计	8423	150.2	820	16.3	379	5.2	8864	161.4

（摘自浙江森马服饰股份有限公司 2018 年半年度报告）

数量及面积都高于休闲服饰，而总体门店数量也体现了儿童服饰在集团运营中的中心地位。表 1-2 显示，森马集团 2018 年上半年的营业收入数据显示，童装与上年同期比较的提高率也高于其他行业，而各行业的营业成本却相差无几。

表 1-2 森马集团 2018 年上半年营业收入

行业类别	营业收入（亿元）	营业成本（亿元）	毛利率（%）	营业收入比上年同期增减（%）	营业成本比上年同期增减（%）	毛利率比上年同期增减（%）
服装行业	54.94	33.71	38.64	24.87	28.87	–1.9
休闲服饰	26.25	17.07	34.93	21.91	28.83	–3.5
儿童服饰	28.69	16.63	42.02	27.7	28.92	–0.55

（摘自浙江森马服饰股份有限公司 2018 年半年度报告）

“巴拉巴拉”品牌创立于 2002 年，倡导专业、时尚、活力，定位为专业、时尚童装，主要面向中产阶级及小康家庭 0～14 岁的童装消费群体。自创立以来，巴拉巴拉坚持秉承“童年不同样”的核心理念，提倡并鼓励父母去发现、尊重孩子的独特个性，让孩子能在无拘无束的环境中释放天性、快乐成长，让孩子拥有属于自己不同样童年。基于这样的理念，巴拉巴拉致力于研究当前成长背景飞速变化下的儿童，关注他们在生活方式、情感需求、着装需求等各方面的变化及未来趋势，用着眼当下、放眼未来的方式不断为孩子及其家长创造更合时宜的产品及服务，把丰富多样且时尚专业的产品、创新的购物体验、物超所值的消费价值、可持续的品牌价值导向作为品牌不断努力的着力点。经过多年的努力，巴拉巴拉品牌知名度及市场占有率位居国内童装品牌前列。品牌曾荣获中国服装品牌潜力大奖、中国十大童装品牌，被誉为“创造了中国童装品牌的发展奇迹”。

二、品牌历程

巴拉巴拉历经品牌创立时期、品牌专业化时期和品牌时尚化时期并不断发展壮大。

（一）品牌创立

2002 年 1 月，巴拉巴拉品牌诞生。

2002 年 3 月，第一家巴拉巴拉专卖店开业。

2002 ~ 2004 年，巴拉巴拉在全国的门店数量从九十多家一路扩展到四百多家。

2004 年，巴拉巴拉创下了单店日销售额超过 10 万元的行业最高纪录。2004 年 3 月，获第十届“中华杯”国际童装设计大赛金奖。当年，巴拉巴拉的年销售额还突破了 1 亿元，以同比增长 108% 的速度，写下了中国童装业的神话。

2005 年 11 月，巴拉巴拉品牌童装被评为“2004 ~ 2005 年中国童装行业畅销品牌奖”。同年度巴拉巴拉获得中国环境标志。

2006 年，全面制定品牌发展蓝图，推出“童年不同样”的品牌理念。

（二）品牌专业化

2007 年 1 月，启动大店战略，第一家旗舰店在合肥开业。

2007 年 3 月，荣获“中国十大品牌童装”称号。

2007 年 9 月，获得“中国名牌产品荣誉”称号。

2007 年，巴拉巴拉的终端销售额成功突破 5 亿元。2008 年 3 月，荣获“2006 ~ 2007 年中国服装品牌年度大奖”潜力大奖和策划大奖提名奖。

2010 年，推出小童、配饰、童鞋产品线，向一站式购物平台跨出坚实一步。

2010 年 8 月，推出终端第五代形象店铺。

2011 年，推出幼童产品系列，实现儿童产品线全年龄段化。

2011 年，引入 VMD 系统，全面推动产品在终端呈现的形象升级。

2011 年 3 月，浙江森马服饰股份有限公司在深交所上市。

（三）品牌时尚化

2012 年，优化品牌定位，并最终确定将“专业、时尚、愉悦”作为品牌的核心价值。并成立电商公司，集团电商逐渐从原先的清理库存的渠道发展向 O2O 转型阶段。

2012 年，以时尚为导向，产品线划分为 COOL、DAILY、Y、EVENT 等系列。

2012 年 4 月，“迈阿密冲浪”系列产品开赴美国迈阿密拍摄，标志以产品时尚趋势为导向的新传播模式，时尚度成为与消费者沟通的主要诉求。

2013 年 1 月，时尚预览会、街拍宝贝等时尚互动战役活动，将时尚深入消费者体验之中。

2015 年，巴拉巴拉门店数量突破了 4000 家，年销售额达到了 70 亿元，连续 3 年的增长速度超过 25%，并以 4% 的市场占有率成为了中国童装品牌的领头羊。

2016 年，巴拉巴拉的营业收入达 50 亿元，在中国童装市场占有率第一。

三、市场环境及竞争对手

（一）童装市场环境

与男装、女装等服装品类相比，我国童装行业起步较晚。随着我国家庭对童装消费习惯的改变，国内专业童装企业普遍于 20 世纪 90 年代中期以后开始发展。从产业生命周期的角度来看，我国童装行业尚处于成长期阶段，具有市场需求增长迅速、成长空间加大的特点。2001 年前，中国童装市场格局尚未形成之前，森马集团敏锐地嗅到了童装作为中国服装行业细分市场存在的商业机遇。经过一系列的市场调研，巴拉巴拉在 2002 年初正式上线运营，并正式被森马集团定为主品牌森马以外的第二个业绩增长点来打造。近些年来，我国的童装消费规模不断扩大，且保持着较高的增长率。

2018 年上半年，我国经济运行稳中向好。根据国家统计局数据显示，2018 年 1～6 月中国社会消费品零售总额达到人民币 180,018 亿元，同比增长 9.4%；在消费升级、国民可支配收入普遍增长，居民消费意愿进一步增长的背景下，服饰行业发展呈现弱复苏，稳中向上，服装鞋帽、针纺织品类 2018 年 1～6 月零售总额 6651 亿元，同比增长 9.2%，中国正在成为全球最大、增长最快、最具增长潜力的服饰消费市场。

2017 年中国童装市场规模为 1557 亿元，预计到 2021 年将达到近 3000 亿元。近一倍的增长空间给巴拉巴拉未来 5 年发展提出新的机遇和挑战。初步预期，巴拉巴拉童装业务 2019 年将实现 84.76 亿元的营业收入，与上年同期相比增长 15.3%。而这些主要是基于童装行业增长态势好，使巴拉巴拉市场份额持续提升。近年我国童装市场规模总体保持较高的增速，近 3 年我国童装市场规模复合增速为 12.22%。2017 年我国童装行业前 5 位企业的市场占有率之和由 2012 年的 6.5% 提升至 2017 年的 8.5%，我国童装行业前 10 位企业的市场占有率之和由 9.6% 提升至 11.5%。而 8.5% 的行业前 5 位市场占有率之和显著低于同期美国 30.6%、英国 18.8%、日本 26.1%，我国童鞋前 5 位市场占有率之和为 14.7%，也显著低于同期美国 55.1%、英国 36.0%、日本 57.3%。差距即是机遇，从数据中可以看到中国童装市场的巨大潜力。

据 2013 年人口普查统计，我国 0～16 岁的儿童接近 3.8 亿，其中 0～6 岁幼儿约为 1.17 亿，且每年还将增加 1000 万以上的新生儿人口。而随着 80 后生育高峰的到来，6 个大人围绕 1 个小孩，且还以一次性消费为主，按每人每年保守 300 元服装消费，童装市场规模就高达近千亿。从人口数量上看，我国童装市场前景广阔，尤其 0～6 岁幼儿阶段的童装。2015 年二孩政策的全面开放，童装行业得到重大利好，并且面临着一片市场蓝海。随着新生婴儿数量规模的高速增长，我国 0～14 岁人口数量也将持续增长，给童装市场带来更大的市场空间。从童装市场的消费受众来看，主力军主要由 80 后父母构成，而且未来几年就会蔓延到 90 后父母。至此，典型的“6+1”家庭结构越来越多地出现。也就是说，目前的孩子俘获了整个社会与家庭前所未有的高度重视，而童装市场也由满足基本穿着的实用型向追求时尚美观的品牌化转变。

（二）竞争对手

童装按材质、价格、设计等划分为高端童装市场、中高端童装市场及低端童装市场。和成人服装不同，消费者在选购童装时，会综合考虑舒服度、质量、品牌、填充物等因素，而不仅仅只是“好看”。这是因为儿童正处于成长期，对贴身衣物要求更高，既要保证舒适度，又不能对儿童身体有害。童装选购理念的不同，给高端童装市场创造了巨大潜在需求。随着消费升级、居民收入水平提高、健康意识觉醒，高端童装市场需求将逐步得以释放。不过，我国童装市场产品层次仍以低端为主，高端童装需求未得到充分释放。目前的童装行业尚处于成长期阶段，市场需求增长迅速，上升空间巨大。相较于国外成熟市场，国内童装行业仍处于快速发展阶段，市场集中度处于较低水平，呈现出分散、区域性的特点。2017 年，巴拉巴拉品牌占据国内 5% 的市场份额并连续数年排名第一；相较而言，美国排名第一的 carter’s 公司市场份额占比高达 11.7%，市占率超巴拉巴拉一倍以上。

目前童装市场上国际品牌已经占据了半壁江山，如 GAP、H&M、ZARA 等国际快时尚品牌的童装产品线，carter’s、Gymborre 等国际专业童装品牌，和一些奢侈品品牌如 Baby Dior、BURBERRY、FENDI、GUCCI 等纷纷进驻童装市场，加上中国消费者逐渐由原有的品牌消费模式逐渐被理性消费模式所取代，这些奢侈品牌相继调整自身价格，提升产品覆盖率。运动品牌 adidas、NIKE 也以雄厚的实力跨进童装行业。国内品牌更是数不胜数，如运动品牌 361°、安踏、特步等，成人品牌美特斯邦威、七匹狼、南极人等，都纷纷踏足童装市场。本土童装品牌也纷纷加大营销力量，如小猪班纳、笛莎、巴布豆、安奈儿、派克兰帝等。一些本土服装品牌在成人服装品牌做强做大的同时也进入童装市场，如拉夏贝尔、太平鸟、韩都衣舍等。因此，对于巴拉巴拉童装来讲，潜在竞争者的进入能力不容小觑，需谨慎对待。

从表 1-3 可以看出，巴拉巴拉品牌在 2017 年的收入远远超过其他童装品牌，其市场占有率也远高于其他品牌。部分竞争品牌具体情况如下。

表 1-3 部分竞争品牌概况

公司	品牌	创立年份（年）	目标客群年龄（岁）	主营产品	定位	渠道定位	2017 年收入（亿元）	2017 年童装市场占有率（%）	2017 年童鞋市场占有率（%）
森马服饰	巴拉巴拉	2002	0～14	童装、童鞋、配饰	中档	一、二线城市	63.22	5.0	1.1
起步股份	ABC	1983	3～13	童装、童鞋	中档	二、三、四线城市	13.99	0.6	3.8
安奈儿	安奈儿	1999	0～12	童装	中档	一、二线城市	10.31	0.8	—
小猪班纳	小猪班纳	1996	0～15	童装	中档	二、三线城市	—	0.8	—
安踏体育	ANTA KIDS	2008	3～14	童装、童鞋	中档	二、三线城市	16	0.5	0.8
安踏体育	FILA KIDS	2015	7～12	童装、童鞋	高档	一、二线城市	—	—	—

（摘自智研咨询《2017～2023 年中国童装品牌市场专项调研及投资前景预测报告》）

“小猪班纳”品牌始创于 1995 年，目前已发展为一家集研发、生产、销售于一体，专营“小猪班纳”系列品牌童装的现代化服饰企业。小猪班纳的产品定位于 0～15 岁的儿童。截止目前，小猪班纳系列品牌年产量 1100 多万件，专卖连锁店 1500 多家，销售网络覆盖全国各地及亚、欧、美洲等地区。

“笛莎”品牌创建于 2009 年，以女童童装为切入点，立足于“每个女孩都是公主”为品牌理念，通过线上笛莎公主旗舰店等十余家电商平台和线下四十多家笛莎 O2O 店铺，2016 年销售额超过 4 亿元，会员数超过 200 多万人。

巴布豆，产品涵盖从休闲、运动、复古、时尚、皮制品、户外等多个系列，无不透射产品的经典，缔造儿童产业的传奇。BOBDOG 和 LITTLE BOBDOG 是日本向阳株式会社于 1987 年创造的卡通狗造型，1992 年向阳株式会社第一次在中国申请注册商标，随后向阳株式会社和红林股份有限公司（简称红林公司）又分别在多个类别注册了 LITTLE BOBDOG 及图商标。1994 年红林公司邀请 BOBDOG 的授权厂商共同集资成立上海巴布豆公司。巴布豆即为 BOBDOG 的谐音词，上海巴布豆公司于 1997 年便在多个类别上申请注册了巴布豆系列商标，产品包含童装、童鞋、文具等多个领域。

安奈儿股份有限公司是一家自主研发设计，主营童装业务的自有品牌服装企业，旗下拥有“安奈儿”童装品牌。公司以“不一样的舒适”为产品主题，追求优质的面料与舒适的体验，为广大儿童消费者提供舒适、安全、精致的童装产品。公司产品涵盖大童装与小童装两个类别，包括上衣、外套、裤、裙、羽绒服、家居服等多品类童装产品。

派克兰帝童装作为国内童装领域的专业品牌公司，致力于儿童服装和相关领域产品，集设计、研发、生产、销售一体化运作模式；涵盖派克兰帝（PacLantic）、探路者童装（TOREAD kids）、贝美依（BabyMe）等品牌商品的开发和销售，通过多品牌策略，覆盖不同消费市场细分领域。公司业务目前已实现线上、线下全渠道覆盖。线上主要销售通路为天猫、京东、唯品会、当当、亚马逊等各大平台；线下销售网点覆盖全国 180 多个重点城市，拥有近 500 家零售店铺及门店专柜。

安踏在 2015 年推出了 FILA KIDS，结合这两大品牌的优势主打高端童装市场，并推出了针对 0～2 岁的婴小童产品。2016 年，安踏儿童的总体体量（包括电商销售）已经接近 20 亿元，占安踏 133.5 亿元年营收的近 15%。

李宁在推出李宁 YOUNG，未来这个品牌将覆盖原有的 LINING KIDS，后者专门针对 3～6 岁的小童。这是因为部分商场渠道一般也将儿童区域划分为小童和大童，这样的划分更有利用李宁覆盖各个年龄段的目标客户群。

从上述内容可看到，多个竞争品牌均具有其主要品类市场，且与巴拉巴拉市场有所重叠。例如，鞋类产品，ABC 品牌的市场占有率为 5.5%，远高于巴拉巴拉 1.1% 的市场占有率。其他品牌也在 0～2 岁婴儿服装品类加大投入，这必将影响巴拉巴拉的婴儿产品市场占有率，促使竞争更激烈化。因此，巴拉巴拉需要不断关注竞争品牌的动向，确保品牌优势的同时，及时制定应对策略。

四、品牌核心竞争力及运营策略

（一）多品牌、多品类研发

巴拉巴拉品牌在品牌知名度、市场占有率、渠道规模等多项指标遥遥领先其他品牌，在国内童装市场位居第一。集团具有极强的品牌影响力及多品牌运作成熟经验，集团历经 20 年的发展，在成功运营森马和巴拉巴拉两个品牌的基础上，积极实施多品牌战略，以投资、合作等方式推进多品牌发展战略的实施。图 1-1 显示了森马集团品牌结构体系。

图 1-1　森马品牌结构体系

（摘自浙江森马服饰股份有限公司 2018 年半年度报告）

目前巴拉巴拉产品包括婴童、幼小童、中大童的童装产品，还包括运动服装、配饰、鞋等，还包括家居产品。此外，巴拉巴拉提供全品类的校服服饰产品，还为学校提供个性化和综合性的文化教育服务。通过整合森马投资、布局的儿童关联产业资源，巴拉巴拉致力于探寻、传承优秀的校园文化基因，帮助学生健康快乐的成长。巴拉巴拉校服定制产品，涵盖幼儿园、小学、初中、高中、大学全年龄段、全品类的服饰需求，以及个性班服团购定制等服务。完善的校服定制服务，不仅适应校方的需求，更提供文化调研、LOGO 设计、款式选择、专属设计、免费打样、上门量体、送货上门等服务。保证全方位综合考量校服的美观度、舒适度、性价比，善于创新突破，让校服独具设计感和完美体验。巴拉巴拉校服定制，依托森马服饰优质资源，具备领先行业标准的产品品质、专业定制的优质服务、丰富校园文化的一站式平台三大优势，并已在专属定制领域获得好评。

巴拉巴拉还积极参与国家、行业标准建设，先后主持了针织、牛仔、羽绒等儿童服装行业标准的制定和修订工作，成为行业规范竞争、健康发展的维护者。大量的消费者体型特点、穿着习惯、生活场景需求的大数据的积累，为其精准细分板型奠定了深厚基础。

公司继续加强设计与研发投入，与国内外权威机构和高等院校合作，有针对性地开发适合市场需求的面料、款式，丰富产品结构；提高商品企划水平，扩张商品品类；引进国内外行业专家，强化企划研发团队建设；面料研发和商品开发不断强化，产品的技术、工艺、板型、品质和时尚度得到进一步提升，提高产品竞争力，适应和满足新时代消费者差异化需求。

持续推进研发、生产和供应链管理的改造和升级，继续推动以年龄段为切入点的多品类发展，在坚持对品质追求，优质穿着体验的基础上，强化核心优势品类；加大鞋产品的研发投入，提升专业度，不断向消费者提供更具市场竞争力的产品。

（二）积极拓展海外市场

围绕消费需求及消费方式变化，利用和发挥资本市场平台作用，积极寻求海外合作项目和并购对象，促进公司业务丰富和完善，积极拓展公司海外市场和推动海外业务发展。

巴拉巴拉童装从2014年开始布局海外市场，经过两年多的布局，目前已在伊朗、俄罗斯、阿联酋等多个国家开出了11家专卖店，沙特阿拉伯首都利雅得的购物中心Al Othaim Mall开出的门店，是巴拉巴拉海外市场的第11家门店。2014年11月，巴拉巴拉在伊朗首家100多平方米的专卖店开业。至此，巴拉巴拉在海外的市场布局已初显规模。2016年9月26日，巴拉巴拉品牌与沙特M.A.Al Abdul Karim公司在森马服饰温州总部园正式签约合作，该公司作为巴拉巴拉在沙特的全国总代理商，与合作伙伴在沙特共同经营21家Shopping Mall，借助代理商在沙特的优势渠道，巴拉巴拉计划5年内在当地开出50多家巴拉巴拉专卖店。

2018年上半年，公司与THE CHILDREN’S PLACE INTERNATIONAL，LLC签署协议，在中华人民共和国，包括香港、澳门和台湾地区开发和代理经营北美地区童装品牌THE CHILDREN’S PLACE业务。公司全资子公司收购Inchiostro SA持有的Sofiza SAS 100%股权，进而达到收购Kidiliz集团全部资产的目的，Kidiliz集团总部设在法国巴黎，拥有11000个销售网点和829家门店。Kidiliz集团在6个国家开设11个采购办公室，全面实施全球化采购。Kidiliz集团旗下主要业务包括：Z品牌业务（1983年创立），Absorba品牌业务（1949年创立），Catmini品牌业务（1972年创立），Kidiliz多品牌集合店业务（2015年创立），授权品牌业务（主要包括Kenzo Kids，Levi’s Kids，Paul Smith Junior等5个品牌），其他自有品牌批发业务和电商业务。上述对外投资及合作项目正在按计划稳步推进，未来将促进公司业务快速发展。积极推进巴拉巴拉品牌在香港市场开展零售业务，让更多国内外消费者认识公司品牌，以香港地区为战略支点，进一步推动公司的品牌国际化。2018 年上半年，巴拉巴拉品牌已在香港开设 2 家门店。

（三）儿童产业集群

随着生活方式的变化及互联网的发展，具有综合消费体验的购物中心正在成为线下零售重要渠道，线上零售及消费占比也不断提升，线上线下相互融合的零售运营模式成为服饰企业的必然选择。巴拉巴拉强化品牌传播与推广，持续升级门店形象，提升消费者购物体验。对新一代消费者展开研究，洞察新生代消费者诉求。围绕儿童生活方式展开品牌塑造，运用不断迭代的品牌终端形象，提升品牌在消费者心中的美誉度与辨识度。通过数字化营销、推进主题快闪店、与知名 IP 的合作、打造自有时尚活动“闪亮星童”、独家冠名 2018IKMC 国际少儿模特大赛以及参与各类时尚活动等方式，持续扩大品牌曝光率和影响力。

巴拉巴拉用营销打开品牌视界跟随新发展环境和消费环境的变化，品牌不断更新升级，以新一代的消费者为核心，基于品牌定位和新营销环境，通过多样化个性化的营销手段，携手消费者共同打开品牌新视界。品牌与电视热播节目《爸爸去哪儿》的热点小明星黄多多展开合作，助力多多在节目中的表现更舒适有型。更与时尚杂志《风尚志》合力拍摄时尚大片，为多多留下时尚愉悦的亲子拍摄体验。同期明星爆款在全国店铺铺开，为潮妈潮童们带来明星同款超值体验。同时品牌携手多位潮童在知名综艺节目《变形计》《一年级》中有醒目露出，提升品牌调性的同时为潮妈潮童创造更潮的品牌价值、产品价值、关注价值。巴拉巴拉专属创意推广团队不定期结合创新科技和艺术灵感，将节日氛围和儿童趣味结合，进行购物中心大型创意艺术展示。使高尚的艺术欣赏转换成更适合儿童的视觉大宴，获得购物中心和消费者一致好评。跳脱传统的产品售卖形式，巴拉巴拉创新打造 4 大儿童亲子节日主题购物体验，将常规的消费过程转换成愉悦自然的主题节日互动体验。辣妈节、潮童节，为亲子潮打开时尚天窗；返校季、童装周，引领童装潮流（图 1-2）。

2013 年 6 月 1 日，巴拉巴拉在上海芮欧百货四楼的时尚体验店正式开业。结合了巴拉巴拉鲜明的时尚特色与品牌理念，这家上海新店完美诠释了巴拉巴拉品牌的独特精神。开业当天正值六一儿童节，巴拉巴拉举办了 2013 巴拉巴拉芮欧时尚体验会以庆祝新店开业。

巴拉巴拉 Town 坐落在南京东方福来德 4F，拥有 700 多平方米的沉浸空间，集

图 1-2　巴拉巴拉潮童盛典
（摘自森马集团员工刊物 2015 年 6 月总第 2 期）

0～14 岁服饰、家居、鞋、运动、配饰、文具、玩具、游乐区等为一体，从“衣育乐居行”五个方向，通过丰富的生活场景让新生代家庭充分感受更专业更潮流时尚、融入充满科技感的购物体验。巴拉巴拉 Town 产品线覆盖全年龄段，从婴幼童至中大童，陪伴孩子成长。巴拉巴拉以坚持对品质的极致追求为 0～24 个月婴幼童创造安全、健康且舒适的穿着体验；以多样性的款式、丰富的色彩为 3～7 岁幼小童创造自在舒适充满童趣的缤纷童年；以国际流行的时尚设计，为 7～14 岁中大童在各个场合都能充分展现自我个性。此外在满足孩子对于运动产品的功能需求之上用时尚的设计表达个性化的运动态度，帮助孩子释放自我活力，玩转运动潮流（图 1-3）。

图 1-3　巴拉巴拉体验店 balabala town
（摘自森马集团员工刊物 2015 年 6 月总第 2 期）

（四）协调集团供应链

经过多年的积累，公司对行业和市场需求充分认知，根据休闲服饰和儿童服饰两大细分市场的特点和目标消费者的需求，以品牌经营为核心，以事业部制的形式独立运营森马休闲服饰和巴拉巴拉儿童服饰两大品牌，分别为两大细分市场的供需各方构建了具有差异化特征的业务平台，有效整合了两大细分行业产业链上下游的资源，实现了生产商与渠道商的高效整合，使得两大细分行业中的设计、生产和渠道拥有者都能够通过公司的业务平台迅速渗透至市场和目标消费者。

巴拉巴拉基于它良好的供应链管理能在中国服装市场上得以成功运作。巴拉巴拉童装依靠成人装森马品牌的后台基础和供应链管理，在较短的时间内建立起了自己的后台支持和供应链管理体系。巴拉巴拉童装品牌在全国的销售网点达到了大约 3000 家，已然成为中国童装行业第一的品牌。其渠道模式主要特点如下。

（1）订货模式：从 2009 年的春季产品开始巴拉巴拉实行订货制。一年分四个季度（春、夏、秋、冬），在每个季度开始前的大约半个月左右召开该季度产品的订货会，邀请全部加盟商和公司的各地子公司参加。根据订货会的订单情况，外包生产后将产品配发给各加盟商和各地的子公司。

（2）生产外包模式：巴拉巴拉实行的是“虚拟经营”，它没有自己的厂房，而是把附加值低的生产环节外包，包括面料、辅料和成衣，这种模式能很大程度上整合产业链上游最适合品牌发展的资源。巴拉巴拉与 157 家供应商建立了良好的合作关系，其中制衣厂为 87 家，面、辅料供应商为 70 家。

（3）物流配送系统：巴拉巴拉实行订单全部由公司物流配送的管理模式。公司已经与 7 家整体实力较强的全国性物流公司建立了长期的稳定合作关系，并与各省的主要物流公司建立了业务往来。可见，巴拉巴拉童装自身品牌的业务已经形成一定规模，加上联合母公司森马集团共享供应商资源，形成了规模经济优势。所以供应商的议价能力较弱。

（4）供应链协同：保证人力资源、培训、信息、会员信息等的协同。整个集团打造联合物流、联合采购，特别是大宗原材料的采购协同，保证了原材料采购的成本优化和品质。

（5）多品牌、全渠道发展：巴拉巴拉童装两大品牌服饰业务成功布局中国一、二、三、四线市场，零售终端遍布国内，不仅为现有品牌经营提供重要保证，也为未来多品类、多品牌业务的发展提供良好基础。公司下属电子商务公司，成功在国内知名电子商务平台建立了线上销售渠道，电商业务收入连续多年快速增长。

（6）减少层级化和权威管理，打造扁平和互联的组织：公司结合近年渠道发展新趋势，重点拓展购物中心渠道，加大电商投入，调整渠道结构，形成专卖店、百货店、购物中心、奥特莱斯及电子商务全渠道发展格局。公司结合不同渠道的优势和特点，优化终端形象，提供差异化产品组合，适应和满足不同区域消费者的个性化需求。以门店为中心，在不同层级的市场，打造不同品牌体验，打造流量入口。推动代理商优化升级，促进核心代理商向专业零售商转型，打造超大规模级代理商。升级原有店铺模型及商品开发模型，针对不同渠道提供差异化商品配置，提升店铺效率。继续推进渠道升级，推动购物中心渠道和奥特莱斯渠道的发展，构建专卖店、百货店、购物中心、奥特莱斯及电子商务全渠道零售体系；加速重点城市布局，进一步挖掘市场空间；构建超大级零售商发展梯队，培育规模零售商，加大对客户能力的培养，不断提升零售服务质量与优化终端陈列效果，实现服务和门店的迭代升级，打造更多千万店。继续推动产品供应体系的改革，通过与优质供应商深度合作、推行集成采购和反季下单，不断优化供应链体系，保证品质和效率。

（五）咨询公司通力合作

集团通过与国际著名的管理咨询公司麦肯锡合作，制定 5 年发展战略规划，确保战略先进性。与时尚信息咨询公司 WGSN 和蝶讯等开展合作，分析流行趋势，打造流行前端的童装产品。此外巴拉巴拉还与众多海外时尚咨询公司和海外设计师平台以及九十多名独立设计师保持合作，设计团队涉及美国、欧洲、日本和韩国的整合团队，保证产品设计的多样性和超流性，同时设计成本极大的降低。

五、品牌发展建议

（一）关注全渠道通路

本土童装品牌面临中国童装消费市场持续增长的发展机遇，也面临消费快速变化、零售渠道变迁、互联网消费崛起、全球化竞争加剧等挑战。网络销售服装已经非常普遍，但童装较成人服装质量要求更为严格，并且儿童身体不断成长，这就要求企业必须注重童装线下的体验，加强线上线下的互动，线上的多重选择优化消费者的购物模式，线下的购物体验带动线上的童装销售。例如，可在实体店开展促销活动和会员客户体验活动，网络店铺同步开展促销互动，但价格较实体店有一定优惠，给与顾客更多选择，提升购物体验。

（二）专注产品细分

童装由于其特殊性，在整个服装行业中生产标准最高，且童装码数也较多。由于 0～14 岁儿童处于生长发育阶段，不同年龄段体貌特点和对服装的消费需求不一，童装产品可进一步分为 0～1 岁的婴儿装、1～3 岁的幼儿装及 4～14 岁的大龄儿童装。其中，婴儿装与幼儿装又常被合称为“小童装”，4～14 岁的大龄儿童装则称为“大童装”。由于 0～3 岁婴幼儿身体承受能力弱，对服装品质要求高，极大程度受惠于消费升级的小童装将在未来保持高速增长。消费需求的变化导致竞争成分日趋复杂，市场竞争压力加速了童装市场的深度细分，也收窄了单个品牌的市场空间。由于巴拉巴拉目前已占具品牌优势，因此可以在各个细分产品市场深耕。关注 0～1 岁婴儿装，这一年龄阶段的婴幼儿对产品质量要求较高，巴拉巴拉具有品牌和生产优势。关注亲子装和功能性童装，积极培育亲子环境对品牌的天然好感以及天然防蚊纤维和杀菌纤维等制成的童装等对儿童身体健康进行更好的保护。此外还可以继续关注高端童装市场和童装礼服市场。

（三）关注潜在竞争者

我国童装市场已进入快速成长期，但童装企业规模普遍偏小，单个品牌的市场占有率和竞争力有限。在这样的行业大背景下，童装企业必须要创新思维来迎接挑战，深挖内功。品牌格局正在形成，垄断的全国性童装品牌、强势的区域品牌、代理商品牌以及零售商品牌即将出现。品牌从地域、档次、风格类型等多层面形成梯队模式。对此，童装企业必须要精准定位，明确品牌发展方向。一线市场将以国内实力雄厚、竞争力强的本土大品牌与外来高端品牌平分天下，从而打破目前外来品牌在一线市场上独领风骚的格局；二、三线品牌将以独具规模的本土大众品牌或区域品牌为主；批发市场将出现品质精良、注重品牌形象的批发品牌。

（四）促进国际市场稳健发展

国内童装品牌需立足国内市场，先稳固，再发展，最终实现对国外品牌的“弯道超车”。企业需参考国际品牌经验，紧跟国际标准，从管理、经营、生产、销售、售后等方面进行模式改革，需注重知识产权的保护与创新能力的培养。在保证质量的基础上，结合当地风土人情，适当附以中国传统文化，打造既具有国际流行特色又具有中国元素的童装，提高品牌的国际知名度。目前巴拉巴拉已建立了一定的国际品牌发展体系，但还需重视当地市场情况，根据本土市场进行品牌国际化发展。

（刘娜　索珊）

参考文献

[1] 浙江森马服饰股份有限公司 2018 年半年度报告 [R]. 浙江森马服饰股份有限公司，2018.

[2] 2017～2023 年中国童装品牌市场专项调研及投资前景预测报告 [R]. 智研咨询，2017.

[3] 森马集团员工刊物，2015 年 6 月总第 2 期.

第二章
爱慕：聚力价值链创新

成立于 1993 年的中国知名内衣品牌爱慕，经过 26 年的发展，已经发展成为中国内衣行业的“标杆”代表企业，其在品牌文化塑造、产品创新发展、渠道多元布局、承担社会责任等领域的发展，在内衣行业都具有代表性，值得学习和借鉴。作为本土自主内衣品牌企业，爱慕在未来仍然面临诸多挑战，本文为其未来发展提出建议。

根据国家统计局数据显示，截至 2018 年，中国人口结构中，女性人口超过 6.8 亿人，男性超过 7.1 亿。就内衣穿着适龄人群看，10～15 岁的少女已经开始穿戴内衣，年龄在 60 岁以上的老年人多数也需穿戴内衣，内衣的总体消费群体较大。此外，和日益发展壮大的女性内衣市场相比，中国男性内衣市场仍处于发展初期，男士内衣的产量和销量远低于女士内衣。由于男性内衣消费者为数众多，对品牌内衣仍有较大的需求。我国内衣行业也呈现出厂家众多、集中度不高、消费人群广、消费能力差异大等特点。

在诸多国内外内衣品牌抢滩的中国市场，诞生于 1993 年北京的中国知名内衣品牌“爱慕”，聚力内衣产业价值链核心，凭借对内衣产品设计与生产以及终端渠道的坚守与持续创新，超越了国内外竞争对手，业务遍及中国、东南亚地区及互联网平台，拥有逾 2000 个零售终端，成为中国内衣行业的领军品牌，并收获了来自消费者、行业、社会和政府的认可。

一、品牌发展史

回顾爱慕 26 年的发展历史，公司大致经历品牌初创期、高速成长期和变革发展期三个阶段。

（一）品牌初创期（1993～2002年）

20世纪90年代的中国，内衣产业随着黛安芬、华歌尔等大量境外品牌的进入及安莉芳、曼妮芬等本土企业的崛起，形成了群雄并立的产业格局。爱慕凭借着产品研发、渠道拓展和品牌建设赢得了消费者的认可，而公司改制和做“中国自己的内衣品牌”的使命感也鼓舞着公司经营者和爱慕全体员工的激情与干劲，使爱慕在众多国内外内衣品牌中脱颖而出。

（二）高速成长期（2003～2012年）

进入21世纪，随着中国经济腾飞和消费升级浪潮，高端内衣开始备受消费者青睐，爱慕抓住这一发展机遇，拉开了其“多品牌经营”的高速成长序幕，满足并引导消费者多元化的需求，为爱慕未来10年的高速发展建立了先发优势。

21世纪前10年，是中国市场“渠道为王”的时代。爱慕通过不断创新品牌营销和发展多元化销售渠道，形成核心竞争优势，成为爱慕10年高速发展的重要驱动力。

（三）变革发展期（2013年至今）

2013年以来受全球金融危机特别是中国政治经济大政方针调整的持续影响，中国经济增长放缓，经济发展进入新常态，高端消费市场迅速降温，爱慕适时调整经营目标，将规模增长目标调整为规模与效益并重，并在组织架构上调整保证经营目标实现，同时开展全渠道线上线下协同销售等，组织变革和经营管理举措进一步挖掘了公司的发展潜力，为爱慕未来的再次腾飞打下了新的基础。

二、聚焦产品和生产为价值链核心

爱慕始终以内衣为核心，发展与皮肤贴近的服装及延伸产品，从2003年开始实施多品牌营销战略，通过不同的品牌定位与调性吸引不同的消费者，占领不同的细分市场。

（一）创建品牌帝国

从线上到线下，从单一女士内衣到运动、家居、护肤等多品牌集合，从卖产品到提供服务，爱慕的路越走越宽，目前有绝大多数品牌达到规模销售，处于稳定盈利状态，取得了旁人无法企及的成绩（表2-1）。

表 2-1　爱慕旗下品牌矩阵

女士内衣	爱慕	兰卡文	爱美丽	心爱	慕澜	爱慕定制
男士内衣	爱慕先生	宝迪威德	UM25			
儿童内衣	爱慕儿童					
化妆品	纽格芙					
家居	皇锦	爱慕家居				
内衣买手店	BECHIC					

各品牌定位与简介如表 2-2 所示。

表 2-2　爱慕旗下品牌简介

AIMER 爱慕	诞生于 1993 年，以爱、精致、生命力为品牌调性。坚持以消费者需求为导向，提供真正适合消费者生活状态的好内衣；致力于建立人体工学技术和大数据为基础的个性化、智能化的消费者健康体态管理服务体系；关爱女性成长，让女性自信呈现自我，享受“爱与美”带给自己的愉悦感
LA CLOVER 兰卡文	诞生于 2004 年，是爱慕集团倾力打造的女性奢华内衣品牌。源自四叶草的美好祝福，以奢华、性感、与众不同为品牌调性。坚持以独特的设计、考究的工艺、高端的面料和专属的板型打造内衣中的“贴身艺术品”。致力于将意大利风情与东方美学设计融合，呈现成功女性优雅、自信、高贵、独特的气质，满足她们对顶级内衣生活方式的多元化需求
AIMER MEN 爱慕先生	诞生于 2004 年，爱慕集团高端男士内衣品牌。致力于为精英男士提供舒适、时尚、高品质的内衣服饰。以品质、品位为品牌调性，秉承经典、时尚、创意、科技的设计风格，诠释精英男士独具品位的生活方式
imi’s 爱美丽	诞生于 2005 年，是爱慕集团旗下潮流内衣品牌。以都市、活力为品牌调性，宣扬时尚潮流文化，彰显个性与摩登的设计风格。爱美丽倡导自由、独立、悦己的精神，爱美丽就是要勇敢做自己
AIMER KIDS 爱慕儿童	诞生于 2009 年，是爱慕集团旗下的儿童内衣品牌，提供专业、健康、时尚的贴身服饰。追求纯净自然的风格、安全舒适的面料、时尚童趣的设计、细致考究的工艺。倡导健康内衣生活新理念，提供让家长放心、孩子乐享的好内衣
Shine Love 心爱	诞生于 2010 年，是爱慕集团旗下女性性感内衣品牌。致力于为女性提供性感、魅惑的内衣服饰
BECHIC	爱慕集团旗下的国际高端内衣买手店，汇聚了来自法国、意大利等十余个国际著名内衣服饰品牌。为追求国际生活品质的高端消费者提供一站式的购物服务

续表

皇锦	皇锦创立于 1999 年，爱慕集团旗下的服饰家居丝绸文化品牌。皇锦，源自对中华优秀文化的传承与创新，并形成以图案原创为核心的品牌价值。皇锦，用优良的经典材质和精湛的传统手工技艺，创造出具有艺术价值的产品。皇锦，致力于成为东方文化生活方式的诠释者、倡导者与传播者
MODELAB 慕澜	慕澜是爱慕品牌旗下智能体型健康管理专业产品线，依托爱慕人体工学技术，让消费者感知身体塑型的美好过程
BODY WILD 宝迪威德	宝迪威德 1998 年在日本创立。2011 年爱慕集团与日本郡是株式会社设立合资公司，是爱慕集团旗下年轻男士内衣品牌。宝迪威德，倡导简单、真我、自由的生活态度，致力于提供天然环保、科技时尚、物超所值的产品
爱慕定制	爱慕定制是爱慕品牌旗下满足消费者内衣专属需求的个性化量身定制服务产品线。秉承专属、专业、健康的理念，依据专利测量技术，准确定位乳房形态和体型特征，让顾客在身心放松、愉悦的状态下享受一对一专属顾问式服务；并为乳腺术后女性提供最适合的健康内衣产品
Aimer Home 爱慕家居	爱慕家品是爱慕品牌旗下满足消费者多元化需求的家居产品线，将精致的品质追求融入到家居生活的每一个细节，创造愉悦的体验和生活的灵感
Aimer Sports 爱慕运动	爱慕运动诞生于 2013 年，是爱慕集团旗下运动内衣服饰品牌。依托人体运动机能技术，开发时尚、功能的专业运动内衣及服饰产品，致力于为运动的你提供更多的安全和保护，可以尽情享受运动带来的快乐
Nature's Gift 纽格芙	纽格芙诞生于 2015 年，是爱慕集团旗下首个天然护肤品牌。Nature's Gift 意为“自然之礼”，致力于使用天然、珍稀、纯净的活性原料，携手新西兰专业护肤品研发机构，悉心打造具有多重功效的天然护肤产品。纽格芙，来自新西兰自然精粹之礼，开启肌肤的奇妙之旅
UM25	UM25 诞生于 2016 年，是爱慕集团旗下高性价比的男士内衣品牌。依据集团经典板型和供应链优势，打造基础、优选男士内衣产品，满足市场多元化需求

参考安索夫矩阵对爱慕企业成长策略进行分析，可以发现爱慕企业的成长，分别采用了以下几个策略：

（1）初创期采取的市场渗透（Market Penetration）策略：即推出满足中端女性内衣消费需求的爱慕品牌，面对国外内衣竞争企业，针对目标消费群体，通过促销或提升服务品质等方式提高大众认知，说服消费者改变内衣穿着购买习惯、增加购买量，力求增大产品的市场占有率。

（2）潜心研发的市场开发（Market Development）策略：即通过开发不同的市场上提供现有产品开拓新市场，潜心挖掘不同市场上具有相同产品需求的使用者顾客，其品牌定位和销售方法也进行了调整。1999 年，爱慕与北京服装学院合作成立了“人体工学研究所”，通过建立面向产业的动态人体体型研究数据库，以人、物和谐为产品涉及诉求，推动（纺织服装）人体工学领域的知识创新，拓展科技前沿，回应日新月异的产业发展及社会需求。2010 年，爱慕与首都体育学院合作成立了“爱慕运动机能服装研究中心”，充分利用北京市运动机能重点实验室以及首体现有运动生理、运动生物力学、运动生物化学、运动心理等实验室条件，由多名运动专家与爱慕设计师联合研究，致力于加速推动中国服装在人体运动效能方面的专业化发展。依托科技力量，拓展现有产品市场覆盖份额。

（3）高速成长的产品延伸（Product Development）策略：即推出新产品给现有顾客，采取产品延伸的策略，推出更多细分市场的内衣产品给现有的顾客，从产品的深度和广度方面进行延伸，建立了爱慕在内衣行业的标杆地位。

（4）多元化经营（Diversification）策略：为了提供新产品进入新市场，爱慕成功开拓男性内衣、儿童内衣、家居产品等市场，依靠其多年深耕的渠道资源和对消费者市场敏锐的洞察能力，也成功取得了消费者的认可。

此外，爱慕成立了爱慕美术馆，终致力于以公益的形式打造开放、多元的文化分享平台，在关注传承国家级非物质文化遗产等传统文化艺术的同时，也注重当代艺术与时尚新锐的分享。秉承爱慕“创造美，传递爱”的使命，与公众分享更加多元的文化与艺术之美。面向公众以公益的形式展出绘画、摄影、雕塑等作品。

爱慕还与苏州昆剧院成立了实景版“游园惊梦”昆曲体验馆，自 2010 年 9 月成立以来，一直致力于昆曲文化的传承，致力于向观众展示世界非物质文化遗产昆曲的传承与发展现状和独特的艺术魅力，促进昆曲的传承。

2018 年，“爱慕工坊”开业，将通过传统手工刺绣文化的传承以及非遗产业链的建设与发展，在技术革新中延续传统文化的精粹，把文化与技艺的传承融入到时代与大众生活中，力求创新融合，传承与弘扬文化精粹最深厚的精华与底蕴。

通过多年的多元化经营，爱慕致力于成为“全球消费者生活方式的陪伴者”。

（二）严把生产工艺关

小到蕾丝质地的选择，大到面料的舒适度和线条的流畅，几乎每件爱慕的产品，都需要经过上百道工序。为严格把控生产工艺质量，爱慕投资兴建北京基地北京时尚工厂和苏州基地苏州生态工厂，坚持严把生产质量关。与产品研发一起，将内衣产业价值链核心环节牢牢掌握。

三、打通全渠道零售

对内衣行业来说，产业链的两端“研发与渠道”产生的附加值较高。研发、设计是内衣行业产业价值链的驱动力所在，也是体现品牌价值的根本所在，研发能力决定了内衣企业创造价值的大小，通过销售渠道将产品的理念和功能有效的传达给最终的消费者是内衣产品价值实现关键的一环（图 2-1）。

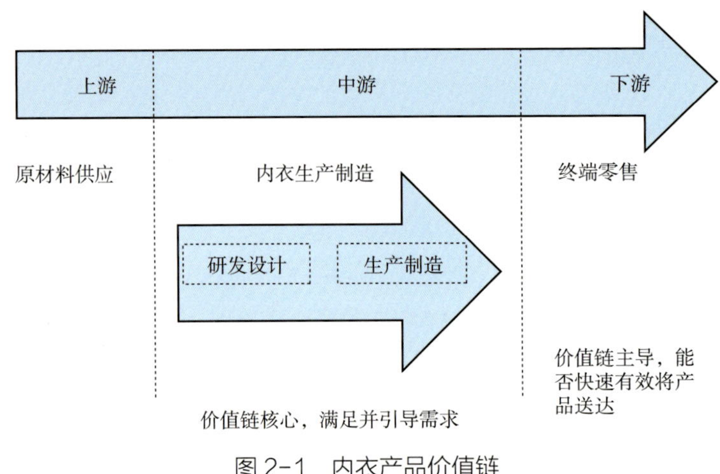

图 2-1　内衣产品价值链

爱慕构建了富有活力的全渠道销售体系，创新做强实体零售终端，目前实体渠道涵盖百货专柜、爱慕一家人生活馆、爱美丽潮店、奥莱店、品牌专卖店。爱慕意识到相比百货而言，购物中心将是未来主流渠道。因此，除了继续维系国内传统中高端百货店渠道外，爱慕创新性地提出在购物中心开设生活馆的理念，名为“爱慕一家人”的生活馆包括内衣、床品、拖鞋、护肤品等与生活相关的产品，让消费者享受到更精致的服务，方便一站式购物。基于生活馆成立的“爱慕女人会”，是在爱慕生活馆的基础上提升了精致服务体验，消费者不仅可以在这里购买产品，还可以享受护肤等全方位服务，体验美好生活，拥有美丽心情。

除了在实体营销渠道转型外，爱慕还布局完成线上营销渠道和移动端，包括官方商城、天猫、京东、唯品会等，为消费者提供了多元的购物方式选择。

“全渠道”意味着企业能够通过各种渠道与消费者互动，实现线下实体渠道和线上营销渠道的相互呼应并高度协同，最终汇聚成全方位的营销效果。对于爱慕来说，全渠道的建设无疑要面对供应链管理带来的各种挑战。为此，爱慕投资建设了作为全国仓储配送中心的北京爱慕时尚工厂，升级建设了基于服装企业供应链特色的信息化系统软件，实现了库存信息共享基础上的多渠道快速物流配送目标。爱慕在供应链方面软硬件的升级建设为其全渠道战略实施打下了坚实的基础。

四、未来发展建议

（一）组织管理创新，应对转型期变革

对于已经成立 26 年的爱慕来说，想获得持续的显著增长并非易事。通过优化内部组织架构，打造增长创新为使命的团队，团队要采取宏观的视野，能够主动在组织中发现机会，围绕着增长目标不断改造产品和流程，对外借助资源和工具，从而重新焕发活力和生机，拉动增长，同时组织变革创新背后的机制也要有所保障。在企业管理层面上，一些新的职位将取代过去 CMO（首席营销官）的角色，例如，可口可乐在 2017 年把营销业务、用户服务和商业领导战略一起整合到一个新的角色里，设立了 CGO（首席增长官）；也有一些公司由 CTO（首席技术官）来推动增长，负责将市场、产品、运营和客户服务一体化，满足不断变化的消费者需求，进而推动公司增长。

（二）平衡现有多品牌生命周期，力争降本提效

麦肯锡数据显示，过去 10 年，随着中国消费者的理性与成熟蜕变，国际品牌的光环已不如从前。人们的目光开始投向了本土设计师品牌。中国经济的快速发展、居民收入的快速增长带动了中高端内衣的消费需求，消费者对内衣的需求从款式、面料、工艺、质量等基本功能需求逐渐上升到对归属和情感价值的高层次需求，越来越重视内衣的人文关怀和品牌价值，关注消费过程的体验，中高档内衣的比例越来越大。虽然本土设计师品牌面临市场营销、商业运营能力等挑战，但其品牌价值有力地支撑起了渠道。除一些国际高端内衣品牌，一些高档的服装品牌也拓展了内衣产品线，进行品牌延伸，共同带动中高端内衣市场繁荣。

此外，中国国内小众内衣品牌于近几年快速崛起，很多品牌成立时间低于 10 年。互联网环境下成长的年轻消费者，不再对大品牌有高品牌忠诚度，而更愿意通过尝试新品牌来表达个性。年轻消费者的消费观正日趋成熟，比起品牌带来的身份附加值，更愿意为产品本质买单的年轻市场，是新兴品牌与老牌内衣品牌角逐的核心战场。

目前中国内衣市场是一个超过 2000 亿的大市场，而女性内衣占比更达到市场整体的 60%～70%，没有周期性，市场容量稳步增长，是内衣厂家的重要竞争阵地。随着消费人群的多样化，内衣行业品牌数量也将极大丰富，每个品牌的市场份额将被压缩。

对于爱慕已经全面布局多品牌的内衣集团来说，未来除了深耕旗下某一品牌，还需要关注品牌组合管理以分散风险。应挖掘更多小而美的品牌，正确认识每个品牌在其投资中扮演的不同角色，使其在消费者定位和价格上互相弥补，发挥 1+1>2 的优势。通过平衡多品牌的不同生命周期，根据实际情况结合物流管理、零售运营、数字化分析等后台支持，环环相扣，力争降本提效。

（三）大数据助力升级商业模式，创新产品设计，放大品牌营销效力

在互联网时代，消费者线上浏览资讯、搜寻的路径和实际购买行为均被记录下来。寺库通过用户数据定义完成了“去奢侈品电商化”，成为一个覆盖线上线下的精品生活服务平台，实现商业模式创新。对于爱慕来说，长期发展中积累起来的海量用户数据资产，可以为企业寻求变革时期商业模式创新提供思路。

此外，伴随着消费者购物需求多样化，传统品牌面临着小众设计师品牌的竞争，因此品牌方的产品迭代速度必须加快，必须更能捕捉消费者口味的变化。从设计的角度来看，之前品牌单向主导设计，现在通过大数据分析及时捕捉消费者的偏好，并将其融入设计。通过大数据精准分析消费群体的特征和需求，融入前端产品创新设计，将助力品牌最大化放大营销效力，建立自己的品牌价值，发挥自身的独特性，和消费者建立更亲密的关系，激发共鸣。

（四）新媒体当道，信息触点增多，品牌整合传播至关重要

网红和社交媒体的兴起，正在改变着品牌营销的方式。过去主要是传统媒体和线下活动，尤其是公关和赞助活动；现在逐渐转移至社交媒体与网红营销，据麦肯锡数据显示，社交媒体与网红营销目前约占奢侈品市场营销费用的 25%，预计未来将继续提高至 50%。网红营销通过内容创造和领袖号召，实现高黏度、高转化率的精准营销。以小红书为例，网红的粉丝数量虽低于明星群体，其转化率仍可达到 8%，是其他大电商的 4 倍。

新媒体的快速成长为企业品牌推广提供更多选择渠道，也意味着品牌信息触点增多，掌控各渠道信息一致性，传递完整、统一的品牌形象就变得格外重要。对于爱慕来说，产品创新实力雄厚，渠道布局已经完成，未来企业发展还可以在品牌整合传播方面再发力，借力新媒体覆盖不同消费人群，传递统一品牌形象，展现品牌文化。

（五）内外并举，找准生态圈的位置和合作伙伴

中国服装产业从早前单向的品牌、经销商、零售商、终端消费者的链状合作和信息沟通模式，发展为现在多股力量涌现、多方互相联通、信息及时反馈的生态圈系统。内衣品牌竞争仍将激烈，认清自身在生态圈里的角色，投资适当的资源，并寻找互惠互利的合作伙伴，只有能够不断创新并直击消费者内心、能够提供最佳产品、做到产业链纵向整合的品牌才能取得最终的胜利。

企业发展永无止境，爱慕人怀着强烈的使命感，不断实践爱慕的核心价值观，持续奋斗、开拓创新、勇攀新高。创始人张荣明在谈到爱慕未来发展的期望时说到，过去的26年里，爱慕已经从一家内衣工厂成功地转型为一家内衣品牌运营商，成为了千家万户的内衣服饰解决方案的提供者。未来5年乃至未来25年，爱慕要从内衣服饰解决方案的提供者转变为中国乃至全球消费者生活方式的陪伴者。未来，爱慕不仅要做一家高大上、高颜值的公司，更要做一家亲民、亲切、友好的公司，成为一个有爱、有能量、有生命力、与时代同呼吸的公司，做一个国际视野、人文情怀的品牌。

（王秋月）

参考文献

[1] 吕杨. 25岁的爱慕：重新定义，再次出发［J］. 纺织服装周刊，2018（17）：38.
[2] 常静. 本土内衣品牌发展环境分析［J］. 商场现代化，2017（1）：9-10.
[3] 易芳，苏珍珍. 风云廿年，为爱再出发——访爱慕集团董事长张荣明［J］. 中国纺织，2013（3）：52-56.
[4] 李哲，赵薇，丁潇潇. 爱慕传奇因何绽放——访北京爱慕内衣有限公司［J］. 针织工业，2014（6）：20-23.
[5] 艾言. “爱慕”助力昆曲梦回——“历史”与“未来”之间的新文化穿越［J］. 中国制衣，2010（11）：92.
[6] 陈晨. 服饰品牌文化研究［D］. 北京：北京服装学院，2013.

第三章
韩都衣舍：网络原创品牌的“互联网 + 服装”模式

互联网和电子商务的发展颠覆了传统行业的认知和传统企业的生产运营，当互联网与传统服装行业碰撞时催生了一个不走寻常路的企业——“韩都衣舍”。韩都衣舍从单品牌运营的服装企业开始，在短短几年内快速发展壮大成一家多品牌运营的企业，基于独有的“小组制”管理模式及高效的柔性供应链系统，韩都衣舍开创了“服装品牌运营 + 生态系统运营”的双轮驱动模式，凭借自身资源整合优势为更多企业提供服务并实现价值共享。

一、品牌发展史

伴随着电子商务的发展，2008 年互联网品牌韩都衣舍在山东创立，从此韩都衣舍在创始人赵迎光的带领下，深耕线上市场，从一家年销售额 20 万的淘宝小店，发展成为中国最大的互联网品牌生态运营集团。

在这十多年的发展历程中，韩都衣舍经历了从服装品牌运营到生态系统运营的演变，每一步都发展其核心竞争力，并极具市场前瞻性。2008 年，韩都衣舍旗下只有一个“HYSTYLE”品牌；2012 年，韩都衣舍通过内部孵化的方式推出第一个子品牌，即男装品牌“AMH”，并通过外部收购控股的方式，推出了第一个原创设计师品牌“素缕”，从而正式开启了多品牌发展阶段；2013 年，韩都衣舍创立快时尚童装品牌“米妮·哈鲁”、欧美风快时尚女装“尼班诗”、韩风优雅时尚女装“Soneed”，2014 年，创立韩风甜美少女装“娜娜日记”、韩风快时尚大码女装“范·奎恩”、韩风时尚妈妈装“迪葵纳”、东方禅意设计师男装“自古”等 10 个品牌，通过不同目标人群划分、产品品类、设计风格等覆盖更广的消费群体，从而占领更大的市场，多品牌之路做得风生水起。与此同时，韩都衣舍 2014 年增加了互联网品牌代运营模式，实现了“自有品牌”和“服务品牌”共同运营，搭建了互联网品牌孵化平台。2016 年韩都衣舍开始建立互联网生态系统，并自主研发了商业智能系统，2017 年韩都衣舍互联网品牌生态系统正式开启（图 3-1）。

在自有品牌发展阶段，韩都衣舍将“以产品小组为核心的单品全程运营体系（IOSSP，Integrated Operating System for Single Product）”作为其核心竞争力，在此基础上应运而生的“赋能”平台成为韩都衣舍向互联网生态系统运营转化的最坚实基础。品牌孵化则成为韩都衣舍打造生态运营系统的试金石，在生态系统中，韩都衣舍从最初的通过赋能孵化的价值创造模式，向通过资源共享的价值创造模式转化，成功实现了从“服装品牌运营”向“生态系统运营”的转变。

2008~2011年	2012~2013年	2014~2015年	2016年之后
单品牌阶段	多品牌阶段	互联网品牌孵化平台	互联网生态系统

图 3-1 韩都衣舍发展历程

二、服装品牌运营：助力生态运营平台的搭建

（一）“小组制”为生态运营平台搭建提供原动力

1. “买手制”向“小组制”的演变

韩都衣舍为赋能型的倒金字塔组织模式，其内部构成主要为“产品小组＋服务平台”。

“小组制”即“以产品小组为核心的单品全程运营体系”（IOSSP），是稻盛和夫的阿米巴经营模式在电商行业的应用，是韩都衣舍在创立之初的“买手制”基础上演变和发展而来的。

韩都衣舍成立之初采用的是“买手制”模式，公司从韩国服装类网站的三千个品牌中筛选出一千个之后，分给四十个买手，要求每个买手负责 25 个品牌，并每天从中选 8 款商品到淘宝网“预售”，“预售”成功后到韩国网站下订单发货给国内买家。“买手制”在后期演化成为公司为每个买手配置 5 万元资金，让其自行联系韩式风格服装的工厂组织生产，获得的收益为下一轮扩展业务的周转资金。由于这种买手制的代购模式存在交货周期长、退换货成本极高、图片与实物不符等问题，2009 年下半年，韩都衣舍摒弃了从韩国厂家采购的模式，积极在国内寻找工厂代工，统一使用“韩都衣舍”品牌，并由原来的“买手”负责相关的商务谈判、仓储、物流等工作。此时，由于工作内容的增加，“买手”在专业水平、时间、精力等方面均难以保证工作的效率和质量。为此，韩都衣舍积极推动买手制的演变和组织结构的调整，促使“买手制”向“小组制”演变。

2. “小组制”的构成与运作机制

产品小组由3～5人构成，核心成员包括买手和产品设计师、页面设计及销售人员、货品管理及内部运营人员，每个产品小组独立完成产品选款、设计、订货、上架等所有流程。产品小组模式在最小的业务单元上实现了“责权利”的相对统一，有与管理层确定预计完成的销售额、毛利率和库存周转率的责任，在非标准化环节小组拥有很大的决策权，其中包括产品设计、库存管理、促销活动的参与以及在公司制定的最低价格及折扣标准的基础上自行确定价格及折扣率等。在资金和业绩提成方面，对于新成立的产品小组，公司会为其配备2万～5万元的初始资金，正常运营后，小组资金使用额度主要取决于上个月的销售额，产品小组共同分享业绩提成，根据产品的毛利率和库存周转率来计算总提成，小组的提成额＝[（小组销售额－小组基础任务额）×毛利率－费用]×[1+（小组实际周转次数－标准库存周转次数）×调节系数]×提成系数×小组目标达成率×大组目标达成率。

韩都衣舍共有三百多个产品小组，它们是公司的发动机，独立核算，独立经营。3～5个产品小组组成一个产品大组，3～5个产品大组组成一个产品部，这样小组之间形成一个利益共同体，有利于小组之间优势资源的分享与交流，促进品牌的良性循环。图3-2为以产品小组为核心的单品全程运营体系。

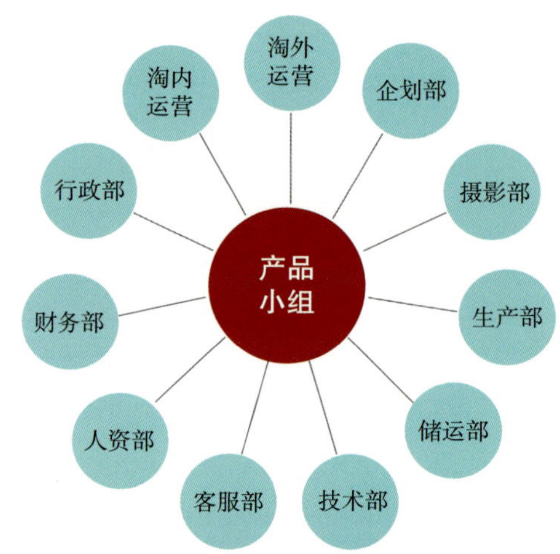

图3-2 以产品小组为核心的单品全程运营体系

3. “小组制”的优势与效果

“小组制”有助于运营效率的提高。“小组制”的组织模式使得产品设计、产品销售、货品管理与运营的联系更加紧密，他们之间形成一个利益共同体，小组结构更容易协调管理每款产品的开发以及制定相应的运营策略。小组内的员工们专注于单品开发工作，主动、自觉地研究市场、创新款式、节约成本、促进销售、改善绩效，具有很高的工作效率。

“小组制”有助于库存风险的降低。每个小组的业绩考核的核心指标是销售额、毛利率和库存周转率，为了获得更大利润，每个小组会深耕自己的产品，根据公司提供的各种参考数据，预估销售量，下订单时会遵循“少量多次”的原则，严格控制风险库存。

“小组制”有助于多品牌战略的人才储备。“小组制”模式使得每个小组成员各司其职，在各自的职责范围内有很大的决策权，同时也担负相应的责任，这使得小组成员在各自擅长的领域得到很大的锻炼，同时，“小组制”模式使得小组成员之间的联系更加紧密，相较传统企业而言更容易接触到产品从设计到生产，再到销售的整个运营过程，这样能够为企业培养具有经营思维的各类人才，为多品牌战略提供了重要的人才储备。

“小组制”为韩都衣舍带来了很好的市场表现，在实施小组制之前的 2008 年，韩都衣舍的年销售收入仅为 130 万元，2009 年开始探索“买手制”向“小组制”的转型，2011 年已构建起以产品小组为核心的单品全程运营体系，当年销售收入突破 3 亿元，并在 2015 年达到 12.60 亿元，2016 年销售收入达到 14.32 亿元，2017 年更是突破 16 亿。与此同时，聚集在平台之上的小组绩效也逐步改善，2014 年小组平均销售额 557 万元，平均开发款式 120 个，2015 年小组平均销售额 630 万元，平均开发款式 150 个，在这种模式下，韩都衣舍一年开发款式高达 30000 款，超过以快时尚著称的 ZARA 品牌的年开发款式量。

4.“小组制”存在的问题及韩衣都舍的解决之道

“小组制”对人才的快速补给及培养提出了更高的要求。“小组制”模式下每个小组成员之间分工明确，这使得团队合作更加紧密，工作效率更加高效，但小组裂变后带来的问题也会突出于传统组织模式。小组内任何一个成员的变动或离开都会影响到所负责产品是否能够在既定时间上市销售等问题，因此对人才的快速补给提出了很高的要求。同时，“小组制”模式对小组成员的素质要求比较高，缺乏经验的新成员势必增加时间成本和试错成本。韩都衣舍建立了“韩都大学”，韩都大学的建立为人才补给提供保障，同时制定保护裂变的相关措施，如老带新的政策，原小组对新小组进行运营辅导，新小组向原小组贡献月销售额的 10% 作为原小组的培养费，持续 1 年。

“小组制”模式对服务平台提出了更高的要求。每个小组独立地运营所负责的产品，小组内每个成员都需要与相关的服务平台进行对接，“小组制”的飞速发展使得产品小组与平台部门的交叉工作急剧增加，平台部门的运营成本也趋于膨胀，小组制对服务平台的运营能力提出了更高的要求。韩都衣舍借鉴产品小组的经验，逐步将小组制推广到平台部门，将摄影、采购等支持平台改造成以运营小组为单位的利润中心，与产品小组之间建立交易关系，且鼓励平台运营小组可以面向市场从事企业外部的交易活动。同时，韩都衣舍加大平台建设的投资，重视平台的打造，这为后来的平台开放以及生态系统的创立奠定了基础。

倒金字塔型的组织结构中小组权限的限定问题。“小组制”模式虽然以产品小组为核心，小组成员在非标准化的程序如产品设计、款式量的确定、库存深度等方面拥有很大的决定权，但公司仍需考虑设定小组权限，避免形成唯销售额所带来的品牌形象不稳定等问题，包括最低价格和最低折扣率的确定，形象款与基本款比例的确定等。

小组间因分工不同所带来的利益分配不均问题。在“小组制”模式下，小组与小组之间按照不同的服装品类进行分工，有的小组做连衣裙，有的小组做牛仔裤，而服装品类直接会对销售额产生影响，从而直接影响到小组的收益及小组成员的业绩提成，造成小组与小组之间的利益分配不均。

小组制模式的复制需要具备一定的条件。小组制模式为韩都衣舍带来了很大的效益，但该模式的复制是需要具备一定的条件的。首先是企业的业务模块能够拆分成不同的小组，且绩效能够以小组为单位进行相对公平的核算。其次是小组制模式需要强大的服务体系的支撑。韩都衣舍是以小组制为原动力，倒逼供应链等服务体系逐步完善，韩都衣舍的小组制得以高效的运转，离不开背后强大的服务体系作为支撑。

（二）柔性供应链系统为生态系统搭建提供保障

1. 柔性供应链系统的发展进程

韩都衣舍在成立初期，处于为了满足销售的基本需求寻找供应商的阶段，打造供应链可谓困难重重。依托网络销售的快时尚所具备的服装数量少、品类多、批次多、当季返单快等特点，与国内 OEM 配套的供应商很不适应，韩都衣舍不得不投入大量人力和资金帮助上游企业进行柔性制造改造，2013 年，韩都衣舍开始循序渐进地实施柔性供应链改造计划。

（1）以大数据采集、分析、应用为核心，以公司 IT 为依托，完善软件研发和基础硬件设施，SCM、CRM、BI 系统陆续上线，并同步供应商，增强管理的精准度和时效性。

（2）确立“优质资源原产地、类目专攻”的供应链布局战略。

（3）与产原地供应商联手，模块化切分生产流程的资源配置，并重组服装加工业的组织架构。

（4）扩大柔性供应链的服务外延，2015 年，积淀 7 年之久的柔性供应链正式开放，成为日后韩都衣舍生态运营平台的重要组成部分。同年，韩都衣舍也逐步建立自己的自运营生产基地，拥有更多的主动权。

2. 大数据为驱动的柔性供应链系统

韩都衣舍要建立“款式多、更新快、性价比高”的竞争优势，不仅需要产品小组的快速运作，还需要柔性供应链管理的匹配。韩都衣舍的供应链管理中，营销企划、产品企划和供应商生产紧密结合，具有及时互动的互联网特征。营销端针对各个电子商务平台制定了年度营销计划和细节；产品端根据营销端计划，合理规划产品结构和供货周期；生产端根据产品端的规划与生产商高效合作，安排充足的时间和预留产能。韩都衣舍秉持“多款少量，以销定产”的原则解决传统服装产业开发周期长、款式数量少、滞销库存率高的弊端。

在互联网时代，消费者无时无刻在贡献着大量的数据，即便是在消费者没有真正消费的情况下，也贡献着浏览量、浏览时长、收藏等非常具有市场价值的数据，基于这样的大数据，韩都衣舍采用了“以爆旺平滞算法为核心的 C2B 运营体系”，使得能够更加精准地进行快速返单。在新产品上架的 5～10 天，即可根据运营数据将产品分为“爆、旺、平、滞”四个类型，使小组能够迅速决定是否对产品的款式及结构进行调整或及时转向，以精准契合消费者的最新时尚需求，不同级别的产品，企划中心也有统一的营销政策，产品小组在企划中心的标准政策范围内，根据市场行情进行商品营销策略的确定和实施，爆款旺款就会迅速追单，平款和滞销款就会迅速打折。这样的 C2B 运营体系为建立大数据为驱动的供应链系统带来可能。

以大数据为驱动的数字商业智能化柔性供应链系统，使得韩都衣舍“多款少量快速返单”模式成为可能，极大地解决了服装企业因生产周期长而带来的市场需求预测不准以及大量库存的问题。

3. 以智能为依托的柔性供应链系统

传统服装企业由于产品开发周期长，一般实行反季节生产的模式，夏季生产冬季服装，冬季生产夏季服装，从而导致企业对市场的反应迟钝，极易因为市场需求变化而造成库存积压。针对这一问题，韩都衣舍配合“单品全程运营体系”的销售特点，建立了以“多款少量、快速返单”为核心的柔性供应链体系，在向生产厂商下订单时采用多款式、小批量、多批次方式，以便快速对市场做出反应，避免高库存风险。

区别于传统企业的供应链，韩都衣舍的柔性供应链以精确的大数据管理为支撑，是数字商业智能化的柔性供应链系统。韩都衣舍通过信息化手段大力改造和提升自身的供应链管理水平，将 30 家核心物料供应商、二百四十多家生产商整合到供应链体系中，并不断完善后台服务体系，形成以商业智能集成系统（BI）为核心，整合供应商协同系统（SRM）、供应商管理系统（SCM）、订单处理系统（OMS）、仓储管理系统（WMS）、物流管理系统（TMS）、企划运营管理系统（HNB）和活动管理系统（PAM），为小组和上游供应商以及下游在线交易平台和物流快递平台的有效连接创造条件，为小组创新创意转化为实际产品并进入市场提供强大的资源支持。

为保证效率，韩都衣舍要求供应商适应“快速反应”的柔性供应链模式，并建立了供应商分级动态管理系统，包括供应商准入机制、供应商绩效评估和激励机制、供应商分级认证机制、供应商升降级调整机制和供应商等级内订单调整机制。从供应商的遴选、分级、合作模式、绩效测评、订单激励和退出等方面进行严格的动态管理。

在供应商准入方面，由供应商管理小组、相关业务部门、品控管理小组到生产供应商进行实地访厂和现场打分，重点评估厂家的信用等级、生产能力、运营状况以及品质管理等。通过审查的厂家在试单测试通过后，方可成为韩都衣舍的正式供应商。

合作模式方面，为了确保订单配置灵活性，使供应商既重视韩都衣舍大客户，又不让其完全依赖韩都衣舍。韩都衣舍一般采取半包模式，即只包下工厂 50%～60% 的生产线。对于优秀生产供应商的扩充产能和生产线，韩都衣舍会追加包生产线，保持在生产供应商的一半产能。

在供应商绩效测评和激励方面，韩都衣舍根据季度测评结果将供应商动态划分为 5A 级战略供应商、4A 级核心供应商、3A 级优秀供应商、2A 级合作供应商、A 级新供应商，采取不同的激励。例如，针对 A 级新供应商，韩都衣舍会评定其合作规模、合格率、交期完成率三项评定数据，再进一步根据沟通交流是否流畅、理念是否一致等主观判断进行打分。如果得分较好，会将其升级为 2A 级合作供应商。

在退出机制方面，供应商如果连续两个季度测评等级下降或者产品品质连续两次降至规定的标准以下，将给与暂停合作，缩减订单甚至停止合作的惩罚。

以商业智能为依托的柔性供应链体系灵活调配营销企划、产品企划和供应商生产，使企业得以与供应商进行高效合作，供应商有足够的时间和产能，根据韩都衣舍企划端的方案来及时完成生产任务。整合后的供应链系统能够完成最小 30 件起订的供应量，平均下单周期保持在 20 天，每天 90～100 款，每年能够支持 3 万款，产品当季售罄率达到 97% 左右，仓储周转率达到 6.8 次 / 年，合作供应商累计超过 1000 家，供应商 90% 的业务量来自韩都衣舍。许多供应商结合“快速反应”需求，将原有大批量生产方式转变为小批量多批次生产的模式，保证夏季产品接单后 12 天入库，冬季产品 30 天入库，双 11 等销售高峰产品 7 天入库。

三、生态系统运营：推动双轮驱动模式的实现

（一）孵化平台的搭建与创新

1. 内部孵化阶段

随着韩都衣舍“以产品小组为核心的单品运营体系”的日益成熟，2012 年开始，

公司内部鼓励业绩优秀的产品小组创立新的品牌，韩都衣舍将成功的经验和体系复制到新品牌上，实现了内部孵化。韩都衣舍设立了专门的品牌规划组，负责对新品牌的诞生规划品牌额度和提供资金支持，并将原本的提成比例 1.5% 提高到 2.5%，为新品牌的诞生提供鼓励和孵化机制。2012 年公司诞生了 3 个新品牌，2013 年公司又诞生了 4 个新品牌，均为品牌的内部孵化。

2. 外部孵化阶段

单纯依靠内部孵化新品牌不足以实现产品生态圈的建立，生态优势的获取更关键地在于开发和利用外部资源。因此，为支持外部品牌的孵化，韩都衣舍形成了“小前端大后端”的组织结构，以品牌创意与设计系统、IT 系统、客服系统、营销系统、专业集成服务系统、中央储运系统、柔性供应链系统形成一个后端平台，为孵化产品提供全方位的支持，实现成功经验由内到外的复制和扩散。

2014 年下半年开始，公司加快向“基于互联网的多品牌孵化平台”的战略升级，韩都衣舍通过战略收购和品牌孵化平台的搭建进行新品牌的外部孵化，产品品类涵盖女装、男装、童装、户外装、箱包等，韩都衣舍计划将于 2020 年实现 50 个品牌以上的产品布局，将交易规模提高至 100 亿元以上。随着企业赋能平台的发展，韩都衣舍的品牌孕育和运营能力、供应链管理和整合能力、客户服务能力、资源获取和运营能力等不断积累、沉淀，使韩都衣舍在外部孵化上游刃有余，对于所孵化的品牌在供应链系统、IT 系统、仓储系统、客服系统等方面以平台的方式给予全方位支持。外部孵化为日后生态系统的完善与升级带来契机。

随着孵化平台的成熟与发展，韩都衣舍在 2017 年推出“智汇蓝海互联网品牌孵化基地”，独创了“场内孵化 + 云孵化”的线上品牌生态孵化运营模式，依托“韩都动力”和“智汇蓝海”，为创业者赋能，升级为生态赋能型孵化器。孵化基地一方面导入韩都衣舍的运营能力与系统能力；另一方面大力建设含资本、培训、咨询、媒体、政府、银行、路演、论坛、社群、法律事务、知识产权保护、创业大赛等完整创业服务的生态系统。通过平台开展互联网品牌的代运营业务并对市场上的其他快时尚品牌提供支持。

（二）生态系统的打造与升级

1. 生态系统的构成

所谓二级生态，是基于阿里巴巴、京东、唯品会等平台构建的一级生态基础上，依托数字化商业智能系统打造的系统。一级生态可以称为消费互联网，二级生态可以称为产业互联网，打造二级生态系统，意味着韩都衣舍从最初的品牌商角色转变为兼具品牌商和服务商的双重角色，开启了“品牌商 + 服务商”双轮驱动模式，最终形成一个包含品牌商、生产商、服务商、消费者等利益相关者的商业生态圈来实现平台型发展（图 3-3）。

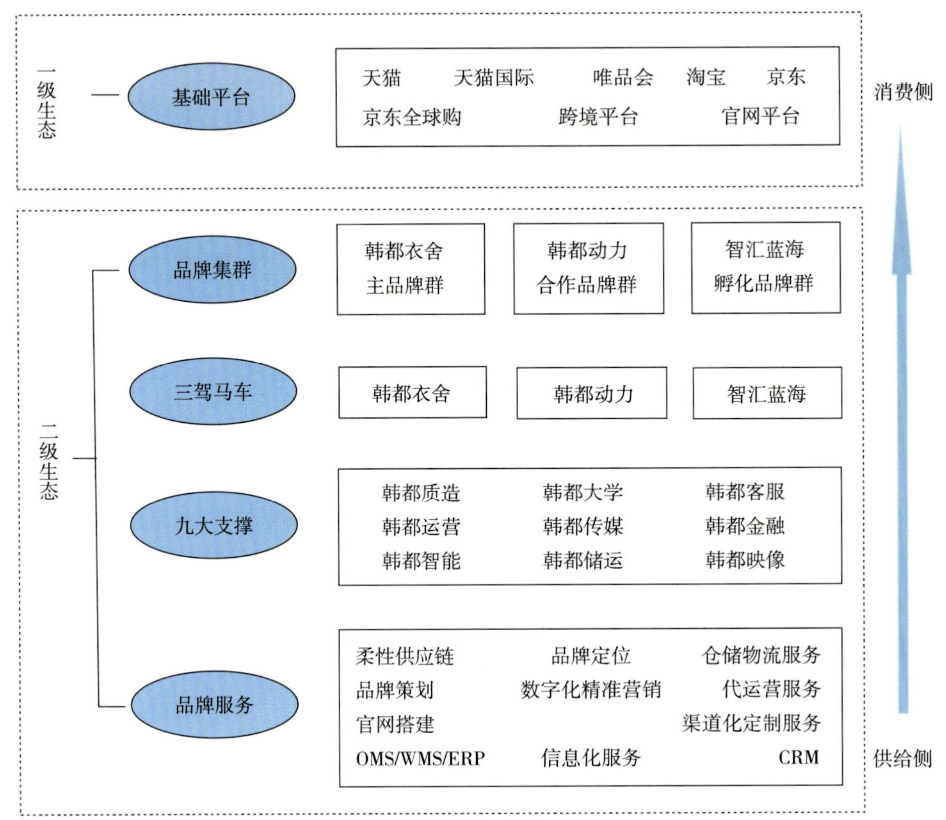

图 3-3　二级生态系统构成

2. 生态系统的发展进程

韩都衣舍于 2016 年开始了二级生态的尝试，从聚焦于精确匹配的一级生态（如淘宝、京东的平台模式）到聚焦于品牌高效转化的二级生态发展，从内容生态圈向产业生态圈发展。

2016 年 5 月，韩都衣舍逐渐形成了集韩都智能、韩都传媒、韩都储运、韩都客服、韩都质造、韩都运营、韩都映像、韩都大学、韩都金融九大系统为一体的服务型平台，并独立成为子公司韩都动力。这九大系统形成的“大后端”从内容生态圈时期的孵化内外部新品牌，进一步升级到了产业生态圈形态，在平台赋予产能的基础上开启了“品牌商 + 服务商”的战略布局，通过“云孵化”和代运营的方式为初创品牌、传统大牌、国际品牌等提供线上运营服务，实现由传统的互联网品牌商向服务商的转变，打造互联网服饰行业的二级生态，探索生态优化。

2016 年 7 月，作为“二级生态”平台的着陆点，智汇蓝海互联网品牌孵化基地应运而生。通过基地建设，将韩都衣舍的九大生态体系导入到平台内企业，解决平台内企业运营痛点，推进互联网电子商务企业的转型升级，实现企业的快速增长。2017 年，韩都衣舍推出“二级生态运营商”平台，并全面对外开放。

3. 生态系统的价值创造模式

通过赋能孵化的价值创造模式。韩都集团以智慧蓝海、韩都动力为主动力，以韩都智能、韩都传媒、韩都储运、韩都客服、韩都质造、韩都运营、韩都映像、韩都大学、韩都金融九大系统为支撑，开放共享韩都衣舍强大的服务平台，提供柔性供应链、中央仓储、商业智能、数字化精准营销、客服全托管等多项服务。供给方根据自己的需求，进行菜单式服务项目的选择，实现同韩都衣舍资源共享，完成与一级生态的完美对接。这部分的服务正是基于韩都衣舍在品牌运营阶段所积累起来的强有力的“赋能”平台，以及自有品牌孵化过程中所积累的经验而建立起来的。

通过资源共享的价值创造模式。平台系统构建是韩都衣舍实现平台价值创造的基础，其核心作用在于形成跨界资源的多方共享、价值的多方共创的平台价值创造模式。随着韩都衣舍平台的不断扩大，不同平台成员之间会形成新的资源交互，在不同的相关利益者进入平台后，韩都衣舍构建起自身与成员、成员与成员之间的资源共享联结点，发展了网络化协同能力，当这个网络越大，匹配的资源就会越多，韩都衣舍通过资源网络化协同能力所构建起来的资源共享联结点也会越多。生态圈成员在资源共享的基础上，实现价值创造的共生和再生。平台中成员之间的合作，不仅仅解决了彼此的资源需要，它们之间的共同演化也推动了整个生态圈的发展。

4. 生态系统的成效

韩都衣舍“二级生态”平台创新模式，突破了传统平台的企业集群发展的地域空间，独创了“云孵化”模式，通过互联网技术，依托平台资源，实现对国内乃至全球品牌的跨地域合作。目前，韩都衣舍通过这种模式，已经为七十余个品牌进行了跨空间合作，通过平台资源导入，这些品牌都实现了跨越式的发展。截至 2016 年，韩都动力已经为 23 区、ROSEBULLET、LOAKE、EKOBABY、三由户外等五十余家国内外品牌提供电子商务整合服务，代运营品牌超过 160 个，生态优势初现成效。

四、双轮驱动模式面临的挑战

与传统服装企业不同，韩都衣舍以“互联网 +”服装起家，伴随着中国互联网红利取得了飞速发展，韩都衣舍在服装品牌运营阶段，以“小组制”为核心的管理模式创新，将日本管理大师稻盛和夫的“阿米巴”经营理念应用到了极致，同时催生的“柔性供应链系统”，形成了韩都衣舍特有的核心竞争力。

韩都衣舍由原来的产品多元化战略到生态战略，再到二级生态布局，一步步走上了行业领头羊的位置。韩都衣舍所建立的生态系统不仅仅是对企业内部资源的有效利用，更是对企业外部资源的协同与整合。从内部来说韩都衣舍的优势在于互联网服装品牌的运营和柔性供应链的构建，从外部来看互联网红利正在逐渐消失，服装行业的竞争仍然是红海一片，作为一家以服装起家但目标是建立生态系统的企业来说，韩都衣舍还有许多问题需要回答。

如何让自运营服装品牌差异化更加明显？韩都衣舍自运营服装品牌的定位主要集中为快时尚，针对的人群绝大多数集中于 90 后等年轻群体，风格定位比较趋同，服装的差异化并不十分明显。在韩都衣舍运营的品牌中，除快时尚品牌以外，具有明显不同风格的素缕、迪葵纳等均为收购的服装品牌，23 区等个性鲜明的品牌也为生态运营系统所服务的品牌。韩都衣舍需要解决的是自运营品牌的同质化和内部竞争的问题，并整合自运营品牌与收购或代运营品牌之间的资源，处理好品牌之间差异化与协同化之间的关系，统筹布局，增强对市场的把控能力。

如何让自运营服装品牌占据中高端服装市场？由于韩都衣舍自运营品牌集中为快时尚，针对年轻人群，因此价格定位上比较符合这类人群的接受度。随着消费升级，以及不同购买力消费者对网络购物的黏性增强，中高端品牌在线上的发展还有很大的空间，23 区在线上的表现就是一个很好的例子，而韩都衣舍在中高端市场的自运营品牌还比较欠缺，这将是未来的一个增长点。

如何让生态系统匹配不同类型的企业需求？韩都衣舍的运营经验主要来自于服装的线上运营，未来的发展方向侧重于全品类服务的生态系统，对于某些模块，如线上运营服务、仓储物流服务、信息化服务等较为标准化的服务项目比较容易与不同企业的需求进行匹配。而如柔性供应链系统等，不同的企业的需求会存在着诸多差异，如何整个生态系统能够服务于不同类型的服装企业，实现资源利用和价值创造的最大化是摆在韩都衣舍面前的一个问题。

如何让生态运营系统可持续发展？韩都衣舍要考虑如何利用核心优势吸引成员的参与并提高成员的黏性，要考虑如何处于生态系统的主导地位，去协调和掌控整个生态系统的资源共享和价值共创，使生态系统实现可持续的发展。韩都衣舍运营二级生态系统还希望发现具有发展潜力的品牌，未来进一步合作或者收购潜力品牌，因此，韩都衣舍在整个生态系统中所占据的地位和所能提供的服务尤为重要。

韩都衣舍仍在路上，不断创新，不断进取，将用实践和探索回答着人们关于它的一个又一个疑问。

（刘荣　江影）

参考文献

[1] 罗仲伟，李先军，宋翔，等. 从“赋权”到“赋能”的企业组织结构演进——基于韩都衣舍案例的研究 [J]. 中国工业经济，2019，9：174-192.

[2] 朱良杰，何佳讯，黄海洋. 互联网平台形成的演化机制——基于韩都衣舍的案例研究 [J]. 管理案例研究与评论，2018，11（2）：163-180.

[3] 徐鹏杰. 互联网时代下企业竞争范式的转变：从竞争优势到生态优势——以韩都衣舍为例 [J]. 中国人力资源开发，2017，5：104-109.

[4] 白景坤，张贞贞，薛刘洋. 互联网情境下基于平台的企业创新组织机制研究——以韩都衣舍为例 [J]. 中国软科学，2019，2：181-192.

[5] 卜克刀. 从韩都衣舍转型看柔性供应链的威力 [J]. 销售与市场（管理版），2017，10：69-73.

第四章
酷特智能：C2M 规模化定制模式的智能制造

当前，很多传统产业都在面临转型和升级，思考如何通过创新，为升级增加动力。当很多企业还在研究“互联网 +”“大数据”“供给侧改革”等新名词的时候，我们发现，青岛酷特智能股份有限公司（以下简称酷特智能）已经探索出一整套的创新模式与理论，依托大数据和互联网技术，开辟出一条工业化的个性定制服装路径，并形成了 C2M 的商业模式和企业治理体系。这个极具启发性与前瞻性的模式创新典范，有着怎样的创新思路与理念？又经历了怎样的探索过程和践行方式？其管理者对于模式创新与商业生态等问题有着怎样的独到见解？其对当今时代和传统企业又有怎样的启发和价值？带着这些问题，我们深入走访调研了酷特智能（图 4-1）。

图 4-1　酷特智能企业外观

一、酷特智能的发展历程

（一）前身——作为传统企业的西装生产商

1995 年，我国服装产业发展开始从企业经营到品牌经营转型，张代理在青岛即墨市生产经营高档西服、裤子、衬衣、休闲服及服饰系列等产品。1998 年，签约男模胡兵为形象代言人，代言模式本身作为行业首创，不仅体现了企业的创新基因，更表达了企业重心从经营产品向经营品牌转变的理念。1999 年，企业荣获“质量、设计、工艺”三项金奖，享有世界盛誉的意大利工艺师福瑞斯加盟公司，这为品牌建立了较高的品质认知度，品牌的价值开始慢慢积累。2001 年，企业更是成为“中国奥委会合作伙伴”，并荣获“第 28 界奥运会中国代表团唯一专用礼仪西服”。2006 年，系列产品被评为“产品质量免检产品”，荣获“十佳自主创新服装品牌最佳品质奖”“中国服装品牌年度品质大奖”。

（二）酷特智能起步

2007 年，成立“青岛酷特智能股份有限公司”（下文简称酷特智能），专注“互联网 + 个性化定制”模式的设计。2012 年，全面完成个性化定制转型，自此，企业进入高速发展期，荣获工信部“两化融合示范企业”。2013 年，独创 C2M 商业模式，成为公司战略，并成为“全国首批品牌培育试点企业”,2014 年，酷特智能荣获“山东名牌”和“青岛市企业管理奖。”2015 年，成为工信部首批“智能制造试点示范项目”，荣获商务部“电子商务示范企业”，荣获工信部“2015 年全国工业企业质量标杆”，连续两次获得中央电视台《新闻联播》报道。

（三）酷特智能升级

创新就像是企业的生命一样，永不止步。2016 年，酷特智能成立酷特智能新动能治理工程研究院，开始输出 SDE 数据工程，完成首家企业定制改造，荣获 2016 年度两化融合优秀解决方案，入选发改委“中国‘互联网 +’行动百佳实践”案例，荣获全国企业管理现代化创新成果一等奖，荣获 2016 年度中国信息化领军企业奖。

2017 年，推出全新定制时尚品牌“酷特云蓝”，亮相党的十九大“砥砺奋进的五年”大型成就展、央视大型纪录片《辉煌中国》和《超级工程》，成为阿斯塔纳世博会中国馆指定的服装供应商。

2018 年，荣获“百家大数据优秀案例”“2018 领先科技成果奖”。酷特智能的“大规模个性化定制系统”入选工信部优秀大数据应用解决方案，亮相央视纪录片《大国重器》第二季，参与起草的世界首个服装定制国家标准发布，荣获“中国管理模式创新奖”。酷特智能新的定制体验中心开幕，自此，迈出打造世界高阶定制时尚品牌的第一步。

二、酷特智能的蜕变与创新

（一）数据驱动制造个性化产品

1. 传统企业转型势在必行

20 世纪 70 年代末，中国服装产业开始萌芽，在接下来的 30 年中，服装企业主要集中在生产环节，期间，生产型服装企业经历了从量到质，从产品到品牌的转变。如今，服装品牌的运营流程趋于成熟，但创新不足，以致产品同质化严重，品牌竞争变成了价格的恶性竞争。另外，库存问题对企业而言，也成为最令人头疼而又无解的问题。

这些现状令董事长张代理看不到未来。他深感服装加工企业如果无法健康、持续地发展，最终将走向衰亡。2003 年，张代理提出做定制个性化服装的战略，决心靠市场和核心竞争力来生存，而不是在低端的价格上徘徊。传统的定制弊端太多，对人工过于依赖，以及时间、效率、成本都是问题，因此，张代理开始考虑如何用工业化的手段来做大批量的个性化定制服装。

2. 转型道路困难重重

酷特智能的创新模式，经过了十余年的探索之路。服装生产的流水线，特点是流水线上的每个工作者只固定完成一道或少数几道工序，以高度的专业化实现较高的生产效率，而每个工作者在某一批服装订单中要完成的工序，是统一而不断重复的。把工业流水线和个性化这两个相互矛盾的模式融为一体，在工业制造从业者看来简直是天方夜谭。张代理提出的战略不仅得不到下属的认可，而且也找不到既有的解决方案。此前国际上在服装领域还没有用工业化的方法进行个性化定制的先例，一切都需顶住压力，从零开始（图 4-2）。

图 4-2　酷特智能流水线

在谈及十余年的整个探索过程有哪些难以攻克的难点时，酷特智能的总裁张蕴蓝（张代理的女儿）这样说道："在没有完成整个闭环的时候，全部都是困难。这件事最可怕之处就在于越是专业的人越告诉你做不了。"她以制板与量体两个环节为例，讲述了创新探索的不易。

以工业化的智能手段、大数据系统完成自动制板，是完成大批量个性定制服装需要攻克的一大难关。制板环节是服装设计、加工与生产中颇为关键的一步，它关乎整套服装的造型。在传统的服装定制模式中，一个老裁缝一天不休息最多打两套板。而要达到工业化的效率，满足批量化定制的需求，不可能沿用传统费时费力的制板方式。当时张代理召集专家开会，研究机器制板的可能，却遭到了所有专家的反对。但在他的坚持下，CAD 打板设备和自主研发的打板机床不仅让电脑自动制板成为可能，而且效率大大提高，精准度也丝毫不亚于拥有几十年经验的老裁缝。为了把服装的板型标准化，酷特智能建立了一个板型库，囊括了数量达几百万种板型，足以满足客户的个性化需求。

现在，工厂接单后，可以根据客户的数据实时生成适合他们的板型，完全摆脱了对制板师的依赖，成本也大幅缩减。在制板的部门，看到一些来自欧美的客户数据，其中不乏较为少见的特殊身材客户，比如肌肉极为发达或腹部脂肪极多者。这样的客户在一般的成衣店很难购买到适合自己身材的西装，而酷特智能的板型库却能轻而易举地满足他们的个性化需求。板型库经历了建立三次、推翻三次的历史。建立一个板型库需要一年的时间，而推翻它则要根据大批量订单的实际制板操作情况进行验证。可想而知，其建立不仅是对技术的考量，更消耗了高昂的时间成本。

人体数据的采集，即量体，对于大批量个性定制服装也是一个考验。在传统服装定制中，采集人体数据的人是量体师，他需要对服装的板型、人体结构和服装工艺具备一定的专业知识。从学徒到出师，需要若干年的磨练。这种非标准化、基于时间和经验积累的方式，显然不利于推进大规模的定制。当时公司找到了一个从事了五十年量体工作的老师傅，希望他来制定一套简便易行的量体方式，让不懂服装的人经过培训也能够精准地测量人体数据。但是他研究后给出的结论是：需要培训半年。这样漫长的培训周期自然是公司无法接受的。以至于最后这位专业人士给出了这样的结论："这是一个不可能完成的任务。"后来，经过张代理董事长亲自上阵研究，公司摸索形成了一套方法。这种三点一线坐标量体法，基于人体上一些关键的坐标点：肩端点、肩颈点、颈肩端、中腰水平线……量体师只需要 5 分钟、采集人体 19 个部位的 22 个尺寸，就能掌握合格的人体数据。而这套标准化的方法，任何没有相关经验的人都可能通过短期培训具备精准测量人体数据的能力，培训所需的时间仅为 5 个工作日。

列举的上述两例，仅仅是酷特智能创新探索的两个环节。在酷特智能制作的宣传片中，董事长张代理这样总结道："从大批量生产到个性化定制的转型，历时 13 年时间，投入了数亿资金，以信息化与工业化深度融合为基础，形成了完整的物联网体系，打造了独特的核心价值，创造了全新的思想与方法。"

3. 数据驱动的智能制造技术

美国最新预测的"改变未来的十大科技"中，"个性定制"被排在首位。而提到定制服装，人们往往会联想到两种模式：一是传统服装行业依靠裁缝手工完成的量体裁衣模式；二是为少数需求者提供的超出一般标准的、设计与制作更精良甚至奢侈的高级定制模式。无论上述哪种模式，都对人工有着很强的依赖性，而且耗时很长。高级定制更因其成本高昂，成为只有少数人才能享受到的服务，并演变为区别身份的一种标志。今天，酷特智能通过对数据的运用，做到了以工业化的手段和效率进行大批量的个性化服装生产。令人惊叹的是，每天它的工厂里能够完成四千多套件个性化服装的生产，而每一件服装，从进入生产流程到成衣完成，仅仅需要 7 个工作日。

走进酷特智能的服装生产车间，可以看到流水线上处于不同环节的服装，奇妙的是，这些服装的面料、板型、颜色、细节各不相同。工厂里的状态，仍同传统的服装加工厂一般，负责不同工种的工人忙碌而迅捷地完成自己的加工工序，不过，他们每个人的面前，多了一个小屏幕。这一个个显示终端，背后隐藏着巨大的信息与数据链条。“传统的服装企业用流水线生产同质化的产品。我们的核心技术是大数据，用数据来驱动流水线，制造个性化的产品。数据是我们最核心的资产，从数据的建立、使用，到数据的流动。这里的工厂车间从表面看跟传统的工厂没有区别，还是那些工人和设备，最大的区别在于隐藏在各个环节过程中的数据流。数据流支撑了整个工厂的个性化定制。”在董事长张代理看来，这种软性的数据驱动的方式，让整个工厂的状态宛如“一台巨大的3D打印机，需求的数据进来之后，通过这3D打印机产出个性定制的服装”。这种数据驱动的模式，此前《商界》杂志的报道中有过这样的概括：“数据平台可以监测工人在各个工序的生产效率，由此分配给工人最适合的工序；设备损坏后自动报修，修理时间、修理次数等数据判断设备兼容情况；订单、物料、成衣等数据相互联动，保障物料供应不间断，库存几乎为零。”

RFID（射频识别）技术的引入对于工厂内工作流程的分配所起的作用不可小觑。它作为数据流的一种形式可以较为直观的呈现出来。客户的人体数据采集完成后，会传输到酷特智能的数据平台上，射频识别制卡人员把全数据录入到一个电子标签内。此后，这个像身份证一样的标签会跟随与其相对应的那件衣服一直走完全部的生产流程。每道加工工序的工人拿到一件分配的衣服，会首先刷卡读数，根据代码转译成的指令来完成诸如剪裁、钉扣、刺绣等具体操作。而他们每个人面前的那个小屏幕，就是用来显示每件衣服应当进行何种操作的指令的（图4-3）。

正如前述的制板与量体两个环节的创新所经历的坎坷，电子标签的产生也非一蹴而

图4-3　射频识别技术引入后酷特智能生产线的操作系统

就。它的迭代经历了从手写工序到纸上，再到给每个工序编写代码、写在长条布上的过程。这一步步的探索过程，是酷特智能董事长张代理一步一个脚印带领下属走过来的。在张蕴蓝口中，这位“学习能力、领悟能力很强，极度聪明的人”还拥有很强的执行力，能在“设定目标后，坚定不移地推动。”他没有受到其他市场上更易于获利的投资渠道的诱惑，而是专注于对定制服装模式的探索。在只看到投资而见不到成效的研发过程中，他能带领企业坚持不懈地努力，成功地达成了最初的目标。

如今，从一家传统的成衣工厂转型为一家数据驱动生产全流程，酷特智能完全变成了以工业化手段、效率及成本制造个性化产品的智能工厂。建立了板型、款式、面料、BOM 四大数据库，达到百万亿量级的数据，可以满足 99.99% 的人体个性化定制需求。福特汽车公司创始人亨利・福特于 1913 年发明了工业流水生产线，因为产品规格的标准化，从此个性化产品被工业流水线扼杀，人类开始大批量、高效率地生产工业产品，工业化和个性化成为工业制造领域一个牢不可破的生产悖论。越是长期从事工业生产的从业者越认为这个悖论不可逾越。而酷特智能通过数据驱动的大规模个性化定制生产模式，打破了工业化和个性化的生产悖论，重塑制造业春天。

4. 收获之时也是新征程的开始

酷特智能创造的以数据驱动的智能制造模式，本质上是对国家战略“互联网 +”的先行探索和实践，而其实践的结果，亦是信息化和工业化深度融合。2015 年，当酷特智能的智能制造模式完整呈现并产出了效率时，引起了工信部等政府机构的关注和推举，吸引了大批政府专家学者前来调研，并成功入选工信部“首批智能制造试点示范企业”及“发改委互联网 +”创新案例，成为互联网工业的标杆性企业。更吸引了阿里巴巴、华为、海尔等数万多家企业参观学习。

酷特智能经过十余年创新探索，建立起了全球领先的数据驱动智能个性化服装的工厂后，董事长张代理发现，后端的智能制造完全能满足消费者个性化定制需求，而消费者的直接需求却无法准确直接的到达工厂？在颠覆了生产制造模式后，于是又提出了一个颠覆现代商业模式的全新商业生态模式。

（二）C2M 商业生态模式解决制造业根本问题

1. 新生问题

当今，企业面临供给和需求的双重压力。从需求角度看，同质化需求的高峰已过，个性化、多样化的需求正逐步成为主流，传统行业的供给方式无法有效满足个性化和多样化的需求；从供给角度看，行业内竞争激烈，基于预测的面向库存的产品批量生产，库存成本大，利润空间非常小，用户满意度低。传统的扩大规模、控制产业链、提效降成本等，对企业大发展没有实质效果，只会导致更多库存；新需求呼唤新供给，迫使企业必须颠覆传统以产定销的同质化产品批量生产模式，寻求新的以满足用户个性需求为核心的发展模式。这是国家推进供给侧结构性改革的主要目的。酷特智能创新建立的C2M商业生态，则提供给了一个典型实践案例。

2. 创新——C2M商业生态模式

酷特智能独创的C2M商业生态模式，因为是先订后做，卖了再做，工厂里生产的每一件西装都是已经销售出去的，完全实现了产品的零库存。用酷特智能总裁张蕴蓝的话说，就是车间里的工人知道每件衣服的主人是谁，甚至可以从客户的板型、款式、面料、刺绣等个性化元素里读出这件衣服背后主人的性格、爱好。个性化定制解决了让制造业头疼不已的产能过剩、高库存问题（图4-4）。

图4-4　酷特智能C2M模式下的定制产品

酷特智能在探索之初的2003年，选择了美国纽约作为市场端第一个实验基地。欧美个性化定制服装的发展领先于国内，因此，公司一开始就以海外市场作为目标。今天酷特智能大多数的订单也来自海外。

目前，工厂的订单主要来自两个平台：一是大众创业平台，酷特智能为服装行业的创业者提供供应链的全部服务，目前大多数的海内外订单来自这个平台；二是Cotte Yolan，一款直接针对终端消费者的App，它让品牌直接面对消费者，让工厂直接从平台上获取订单。创业平台包括研发系统、供应体系和培训体系。创业者可以应用其软件进行服装设计；可以通过供应体系进行面料的采购（酷特智能与世界上最好的面料、辅料供应商建立了合作关系），并进行下单、生产、物流、客服等一整套操作；还可以在培训体系中得到专业的培训。这一平台支持了很多优秀的创业者，也解放了他们的双手，从产业链上解除了他们的后顾之忧。创业者得以专注于自己品牌的经营，充分发挥想象空间。

Cotte Yolan作为移动互联网应用程序，服务于个体客户。通过简便的操作，使用者就可以在手机端、IPad端选择喜欢的服装款式，并进行个性化的定制。比如，针对某一款式的西装，Cotte Yolan提供了一些可供选择的面料、板型细节（如领口样式、口袋样式、扣子样式等），使用者可以根据自己的喜欢进行个性化的挑选。同时，还可以选择喜爱的文字，作为个人的标签，以刺绣的方式体现在衣服上，刺绣的部位也可以选择。客户一键预约量体裁衣，在线下享受量体师的一对一服务。目前 Cotte Yolan 中可定制的主要是男装为主，在不久的将来，女装也将上线，希望既有女性的柔美，又体现她们的专业性，把职业和时尚完美融合起来。现在公司正在研究板型和工艺，并在数据上已经有了一定的积累。

上述两种方式，体现了酷特智能的 C2M 商业模式。C2M 是英文 Customer-to-Manufactory（顾客对工厂）的缩写，酷特智能将其定义为消费者需求驱动工厂有效供给。这种新型的电子商务互联网商业模式，让工厂真正直面消费者。凭借工业效率的个性化定制，以及撇去中间商的端到端模式，酷特智能的定制服装达到了很高性价比，提供同等品质的服装，价格却是同行的平均水平的 20%~50%。C2M 平台是用户的线上入口，也是大数据平台。它实现了从产品定制、交易、支付、设计、制作工艺、生产流程、后处理到物流配送、售后服务全过程的数据化驱动和网络化运作。顾客下单后，工厂才进行生产，没有资金和货品积压，运营简单，实现了“按需生产、零库存”，可以最大限度地让利给消费者，而消费者也无须再分摊企业成本。定制生产在成本上只比批量制造高 10%，但收益却能达到两倍以上。

在工厂具备了大规模个性化定制产品的能力，能够以工业化的手段、效率、成本生产个性化产品时，张代理最初设想的去除中间商、代理商、渠道商，建立从制造端到消费端的 C2M 路径就打通了。C 端客户的个性化需求直接对接 M 端工厂，工厂通过个性化生产满足客户需求，去除了代理商、渠道商等中间环节，客户不再为中间环节的高额成本买单，享受到高性价比的产品服务。

3. 酷特智能成为国家供给侧结构性改革的样本

2015 年 11 月 10 日上午，习近平主席主持召开中央财经领导小组第十一次会议，研究经济结构性改革。“供给侧结构性改革”正式由中央提出，其核心含义是：用改革的办法推进结构调整，减少无效和低端供给，扩大有效和中高端供给，增强供给结构对需求变化的适应性和灵活性，提高全要素生产率，使供给体系更好适应需求结构变化。酷特智能实践的 C2M 工商一体化的商业模式，C 端需求直达 M 端工厂，工厂通过个性化定制生产直接满足客户需求，为客户提供高性价比的定制产品和服务，重塑了制造端的源头价值，颠覆了工业生产的微笑曲线，实现了生产的零库存和精准供给、有效供给，无疑是传统产业改变命运的最佳路径，为国家供给侧结构性改革提供了典型样本。

酷特智能的成功创新探索吸引了中央电视台、新华社、人民日报、韩国 KBS、瑞士国家电视台等媒体蜂拥而至，酷特智能频频出现在新闻媒体上。随之而来的是包括阿里巴巴、腾讯、华为、海尔在内的一万多家企业参访团，酷特智能不但敞开大门迎客，还安排专人讲解，生产车间的通道一度被参访人员堵塞。在这些蜂拥而至的参访人群中，董事长张代理却又陷入深沉的思考，如何让酷特智能的探索惠及更多陷于困境的中国传统制造企业？于是产生了多方共赢共生的想法。

（三）共赢共生成就个性化定制解决方案供应商

1. 共赢，不仅是公益，更是战略方向

2018 年新春伊始，山东省刚刚被国家确定为新旧动能转换综合实验区，山东省委书记刘家义也在春节后上班第一天召开了全省新旧动能转换重大工程动员大会，并自揭山东短板。一时间，新旧动能转换成为山东全省发力重点。而与此同时，中央电视台热播的大型纪录片《大国重器》第二季则播出了一家青岛民营服装企业。大国重器，印象中应该是大飞机、导弹、航母，一个做衣服的企业，却成为大国重器！这家企业就是作为互联网工业领域、新动能转换的典范样板的酷特智能。

在参观酷特智能的生产车间时，可以看到一个个展示牌，它们精炼了酷特智能整个个性化定制过程的技术要点，陈述其功能、特点、实现路径。这个工厂已经成为一座现实版的学院，接待着大批来自政府、企业、研究机构等处嘉宾的参观考察。过去三年，有超过数万家企业的负责人来到这里，其中海尔张瑞敏带队到此参观、湖畔大学校董马云也将酷特智能作为湖畔大学学员的考察对象。而酷特智能于 2016 年与中国互联网协会，整合国内从事互联网行业的网络运营商、服务提供商、设备制造商、系统集成商及专业科研、教育机构等共同成立了中国产业互联网研究院，力图为企业转型升级提供专业的解决方案，帮助地方政府搭建转型升级和交流的服务平台。

然而，最初董事长张代理的这个决定再次让全公司不解：公司花了十多年的心血建立起技术门槛，垄断了大规模个性化定制的市场蛋糕，现在要和别人分着吃？

当被问及帮助同行进行个性化定制改造会不会担心业务流失，张代理回答道，现在绝大部分的企业都是在做零和博弈，你的市场份额占比大了，竞争对手的份额就小了，总是在做 $a+b \leqslant 0$ 的事情。定制市场是公司发现的一片新的需求市场，如果大家都看到了就一起培育客户的定制消费习惯，扩大这个市场。公司不但不担心业务流失，相反还做成全球定制供应商品牌，为他们提供产品定制支持。

我们在研究酷特智能的经验时发现，企业必须扎扎实实做好基础工作，把产品和研发做好，再转变思维，融入时代，与互联网络、科技、数据深度融合是传统企业实现转变的根本路径，虚实平行交互，是传统企业转型升级的关键要素。

2. 创新——传统企业转型升级解决方案

酷特智能在转型升级过程中，发现传统企业对升级改造有着巨大需求，而酷特智能的经验具有普适通用性。董事长张代理发现大规模个性化定制背后的逻辑和算法是普适通用的，他组织参与工厂转型改造的信息、工程、技术人员，从中总结、提炼再创新，创造了适用于传统企业转型升级的解决方案——SDE（Source Data Engineering，源点论数据工程）。这套系统专为传统企业升级改造提供解决方案，帮助传统企业实现转型升级。

酷特智能的“传统企业转型升级解决方案”，可以理解为方法论，是酷特智能自主研发创造的产品。它专门为传统制造业升级改造提供彻底的解决方案，帮助传统工业升级为互联网工业。BOM（物料清单系统）、MES（制造执行系统）、APS（高级生产排程系统）、OMS（订单管理系统）、WMS（仓库管理系统）、SCM（供应链管理系统）、ERP（企业资源计划）等都是酷特智能输出的技术体系。虽然技术并非“高”“新”，但在高效的运用和管理逻辑下，它们发挥了最大的效能。

同时，酷特智能也在输出自己的治理体系。“源点从战略上指的是愿景，从战术上指的是需求，源点论是指企业所有行为都以需求为源点，以源点需求来驱动、整合和协同价值链资源。通过最大限度地满足客户需求来实现企业目标，产生价值。”这就是酷特智能发展的战略性核心——“源点论思想”。

3. 蜕变为全球个性化定制解决方案供应商

如今，酷特智能已经是全球个性化定制解决方案供应商，帮助更多传统企业尤其是中小企业，实现“零库存、高利润、低成本、高周转”的运营能力，真正实现了“帮助别人、发展自己”的价值导向。目前已经有牛仔服装、鞋帽、家具、机械、电器等数十个行业的近百家试点企业应用酷特智能的解决方案。经过对十余家试点企业进行三个月及以上不等时间的升级改造，将实现效率提升 30% 以上，成本下降 20% 以上。2015 年以来国内外来访学习的人员达 7 万人以上。至今，由酷特智能带动的转型升级企业已达万家以上，这些企业在酷特智能模式的启发下进行二次创业创新，形成以用户为核心的定制新模式新业态，新创立的中小企业千家以上，促进了全球定制产业体系的形成。而这也成为酷特智能颠覆零和博弈，塑造多赢共生的普世价值，如今这也成为酷特智能企业治理体系的价值观。

酷特智能做大了个性化定制这块大蛋糕，已然成为全球定制行业的引领者。企业发展进入快车道，然而董事长张代理却再次陷入思考，经过改革开放快速发展的中国企业，普遍面临中国企业治理和传承的难题，如何让企业成功传承成为了张代理再次思考的重大命题！

（四）治理取代管理思想的突破解决企业传承问题

1. 企业传承成为研究的新课题

近年来，随着我国民营企业进入“新老交替”时期，诸多民营企业家在思考如何将企业更好地传承下去。然而经过改革开放快速发展的中国企业，普遍面临中国企业治理和传承的难题，如何让企业成功传承成为了当代企业普遍思考的重大命题！而位于青岛的酷特智能却成功解决了这一难题，不仅解决了新老传承问题，而且建立了一套颠覆现代企业管理的治理体系。

2017 年，酷特智能对企业品牌进行了升级，将传承之意嵌入其中。在全新的品牌中，原先的“酷特”后面加入“云蓝”两个字，变为“酷特云蓝”，女儿的名字被加入其中，寓意新老交融。“酷特代表的是我，是老一辈企业家的变革和创新；云蓝代表的是我女儿，是企业的未来。”董事长张代理如是解释。

最初，张代理并不想把企业打造成一家家族企业，先后找过两位职业经理人管理企业。张代理回忆起自己选定接班的两位职业经理人，颇有些痛心疾首。他说，目前中国的职业经理人依然格局不够，短视，对金钱盲目向往。于是转而想到让女儿张蕴蓝回企业帮忙。

刚从海外留学归来，在上海一家跨国企业做白领的女儿接到父亲的邀请后，很是犹豫。张蕴蓝从小到大目睹了父亲做企业的操劳和艰辛，同国内大多数企二代一样，不愿重复父辈的生活。但血液里流淌着家族责任的女儿最终还是同意到企业工作。

回到企业，张蕴蓝并没有将自己是董事长女儿的身份公之于众，而是以一位普通员工的心态早出晚归勤奋工作，起初她从一名报关员做起，负责报关、报检、跟单以及国际业务谈判等工作。一年之后，接管营销中心。随后，主动要求进入了一线生产车间。别人工作 8 小时，张蕴蓝工作 12 个小时；别的年轻人犯的错，她会尽量不犯、少犯。经过几百个日日夜夜的各“要害”部门重重考验，2009 年 3 月，张蕴蓝与父亲进行了交接仪式，担任酷特智能总裁。

酷特智能的个性化定制业务是从西装和定制文化成熟的纽约开始的，张蕴蓝回忆，最初一个刚毕业的大学生每天在办公室发英文邮件，100 封里大概有两三封回复。当时的纽约，1000 美金可以买到不错的成衣，但无法享受定制，酷特智能瞄准这个价位，转化出一些订单。伴随大量砸单、良品率爬坡缓慢、客户信任流失又挽回，酷特智能迅速打开纽约市场，凭着过硬的产品品质、供应能力形成口碑，定制业务逐渐扩展到欧洲、澳洲的多个国家。张蕴蓝带领业务团队不断开拓，目前酷特智能的海外业务已经占据企业订单的 60% 以上。

张蕴蓝用自己的成绩证明她不是一个躺在父辈功劳簿上的人。她又凭借自己的努力通过层层面试，成为以门槛极高、选拔严格著称的马云湖畔大学第二期的学员，而此时她也是山东省唯一一个进入湖畔大学的学员。经过数年的历练，张蕴蓝带领团队取得的实际业绩终于得到父亲张代理的认可，成功实现了代际传承。

然而，这是IT、DT、智能的时代，互联网、大数据、人工智能技术的进步与应用让这个时代沟通越来越直接和扁平化，地球越来越趋近于一个平面，传统的企业管理思想和方法越来越不合时宜。酷特智能在完成了数据驱动的智能制造模式后就意识到这个问题，企业的领导化、部门、科层、审批等越来越成为企业生产和管理的中间层和桎梏。在个性化服装生产完全靠数据驱动后，酷特智能原有的组织架构和管理方式与先进生产线的矛盾立刻显现出来了。成功把女儿培养成接班人的张代理，却再次考虑起了一个全新的命题，如何让企业成为有益于社会文明进步的百年企业？

2. 治理取代管理保障企业传承

张代理的答案是：建立一套新时代普适的企业治理体系！在将“酷特智能”模式复制到三十多个行业的近百家企业之后，张代理找到了一直在探寻的工业中小企业转型升级的全新生存模式，而在这个过程中，他也找到了企业传承和治理问题的答案。爱折腾的张代理又为酷特智能勾画了一幅面向未来的新图景，带领企业开启第二次转型之路，这次刀锋挥向颠覆现代企业管理的让“治理取代管理”的革命。

酷特智能建立了一套全新的治理体系——“酷特智能企业治理体系”。其核心是遵循、顺应、践行自然的根本规律（时代、市场、社会等组织的需求和平衡）。通过规范化、标准化、体系化、数字化、平台化建设，去领导化、去部门、去科层、去审批、去岗位等。完整建立了组织生态系统的方法论，还原人性，找回初心，实现了由人治到自治、从管理到治理的转变。

“一切都依赖于平台上的数据，企业的一切都是数据化的，企业发展不会因为经营者的变更而出现太大变化。”张代理自信地表示。如今，酷特智能的数据化不仅表现为数据驱动生产流程、变革管理方式，数据还成为了酷特智能流程诊断的重要工具。

“生产过程中任何时间节点，都可以对所有的经营数据进行实时统计，统计的结果完整地呈现企业现有的经营状况，帮助企业及时总结、改进自身的生产管理。”张代理说，在传统的生产企业中，企业经营的健康状况需要按照月度甚至季度来进行总结评估，这种方式容易产生经营盲区，无法保证企业在走错经营方向前及时止步，而酷特智能用数据实时监察的方式，能令经营者随时掌握企业状况，有助于及时改进企业的失误并使其快速成长。

酷特智能将这套治理体系优化升级为平台化、生态化治理体系，企业经营过程和客户需求以数字呈现，形成运营和生产的数据，并始终在企业大数据平台上实时流动和呈现。这种平台化、数字化、数据化的改变，颠覆了传统管理模式，最终形成了完全独立创新的企业平台化、生态化治理体系。在实际治理中，酷特智能直接去掉了80%的生产管理岗位，企业效益直接提升20%。酷特智能的这套治理体系，还在持续完善中，我们期望它成为中国企业治理的全新范本，更成为东方哲学智慧的企业治理实践案例！

三、未来

企业蜕变的根本在于创新。开始，创新只是企业解决经营困境的策略，后来，创新成为企业的基因，帮助企业打开一片又一片的蓝海；现在，创新是企业的使命，开创行业新方向是企业的经营目标。

酷特智能的战略规划中，酷特智能将聚焦于定制领域，打造世界级品牌——全球个性化定制供应商品牌和世界级时尚定制品牌，为世界时尚界贡献全新的中国价值。同时，酷特智能以Cotte Yolan品牌为载体，超越企业、行业的界限，立志为企业、行业、社会等组织贡献具有普世价值的治理体系！

我们衷心期望中国能出现更多类似酷特智能这样的企业和品牌，助力中国经济全面高质量发展！

（常静）

参考文献

[1]魏浩浩，杜永健．酷特云蓝：从“0”到“1”，跨越未来[J]．走向世界，2018(20)：38-43.

[2]管荣伟．传统服装企业基于互联网的大规模个性化定制研究——以青岛红领集团为例[J]．纺织导报，2017(6)：96-98.

[3]刘艳杰，朱楠．青岛红领集团：“魔幻工厂”开启新制造时代[J]．中国工人，2016(12)：25.

[4]刘潇潇．颠覆传统定制的红领集团访青岛红领集团董事长张代理[J]．中国制衣，2014(8)：64-67.

第五章
老凤祥：基于品牌活化理论的营销创新

中华老字号具有深厚的文化底蕴，具有很强的历史文化价值和经济价值。随着社会和经济的发展，有的老字号出现市场萎缩或发展滞后问题，但有的老字号能够在新的市场环境下焕发生机活力，不断发展壮大。本文以品牌活化理论为基础，以中华老字号“老凤祥”为案例研究对象，从营销视角分析探讨老凤祥的品牌活化策略，并提出针对性的建议和对策。在当前我国综合国力不断提高，中华文化全面复兴的背景下，研究老字号的品牌活化，使其实现从老字号到现代品牌的转变具有重要的意义。

一、品牌历史

当 CHANEL、BURBERRY、Hermès 等外国服装品牌的名字和标志充斥当下都市年轻人生活的时候，瑞蚨祥、内联升或马聚源等这些老字号的名字似乎已被人们忘记，或许，即使是年长者也未必能够想起。

事实上，那些让人们耳熟能详的奢侈品牌的创立时间并不一定比我国老字号的创建时间更早。例如，我国老字号始建的时间分别是马聚源 1817 年，内联升 1853 年，瑞蚨祥 1893 年；而法国的 Hermès 创办于 1837 年，英国的 BURBERRY 创办于 1856 年，法国的 CHANEL 创办于 1910 年等。那么，为什么欧洲国家或者美国可以发展出世界级品牌的服装和相关产品，上百年来仍在世界范围内被消费者认可和选择，而同样具有悠久历史的中国服装“老字号”却无法保持当年的显赫？这种现象下的深层次原因是什么？

中华老字号（China Time-honored Brand）是指历史悠久，拥有世代传承的产品、技艺或服务，具有鲜明的中华民族传统文化背景和深厚的文化底蕴，取得社会广泛认同，形成良好信誉的品牌。目前，经商务部 2006 年和 2010 年两次认定的中华老字号企业共 1128 家，全国几乎各省（直辖市、自治区）都有中华老字号。同时，这些老字号涉及人们生活的“衣、食、住、行”多个方面，其中，以服装或服饰为经营产品的老字号不在少数，涵盖服装、鞋帽、钟表、眼镜、珠宝、首饰甚至化妆品等产品范围。

历史上，老字号企业创造了辉煌，但由于政治、经济等多种原因，老字号陷入发展困境，经营受到很大的冲击，甚至有些老字号沦落消失。中华老字号具有独特的文化内涵，独有的品牌价值，作为民族自有品牌，老字号的保护、传承、创新和振兴正在引发广泛关注。2017 年 2 月，商务部等 16 部门印发了《关于促进老字号改革创新发展的指导意见》，同时，各地保护振兴老字号的举措纷纷出台……2018 年 5 月发布的 2018 中国品牌价值百强榜单上，有 11 家中华老字号入围。在市场上，人们发现越来越多的老字号正在重新回到商场销售，甚至在互联网平台上，“触网”老字号的比例也越来越高。

二、品牌活化理论

品牌活化（Brand Revitalization）是通过“寻根”的方式，重新捕捉失去的品牌资产使品牌资产再生。一般来说，品牌活化往往通过营销措施来传递品牌意识及品牌形象等信息，从而使消费者对品牌的认知得到加强的品牌管理方法。品牌活化的本质就是突破品牌老化形象，保持品牌在市场上的活力和影响力，品牌活化是品牌长期管理的一项重要内容。与品牌活化相似的概念还有：品牌复活（Rejuvenation）、再品牌化（Re-branding）、品牌再定位（Re-position）。自 20 世纪 80 年代以来，西方学术界在品牌活化方面的研究不断升温，逐步完善，现在已形成一个比较完整的体系。

在西方长时间品牌活化研究中逐渐形成两个分类：认知心理学与社会心理学。认知心理学主要从消费者的认知心理出发，通过提高品牌意识，重塑品牌形象，最终达到拓展品牌新资产的目的。而社会心理学则更多是从品牌本身意义、内涵、本质出发，通过品牌故事、品牌社群、怀旧心理维度出发，达到唤醒消费者的品牌记忆联结，最终建立或恢复消费者与品牌的亲密度。

1. 品牌活化是品牌长期管理的措施

从认知心理学角度的代表人物凯勒（Keller）提出的品牌活化则是品牌长期管理的措施之一，是基于顾客的品牌资产（Customer-based brand equity，CBBE）角度建立的品牌活动的基本原理。其主要包括两个来源：一是寻找失去的品牌资产，二是识别建立新的品牌资产来源。

根据品牌活化的概念，可以从两个方面进行品牌活化：

（1）拓展品牌意识（Expanding Brand Awareness），凯勒认为品牌之所以老化主要是因为消费者能够回忆起品牌的环境范围过于狭窄，只有通过增加频率来增强意识。

（2）改善品牌形象（Improving Brand Image），改变意识的同时注入优化的品牌形象，是要设计符合当下审美趋势的新形象也是需要基于品牌自身的重新定位进行，通过细分市场与吸引新顾客，达成品牌意识的拓展。

2. 品牌活化强调唤醒消费者的怀旧情结

从社会心理学角度出发，品牌活化强调的是品牌唤醒消费者怀旧情结，对于经典的国货老品牌来说本身目前的活化方式主要围绕唤醒消费者的怀旧情结。通过文化记忆的注入，唤醒集体记忆从而激发怀念与购买行为。

应用品牌活化理论对中华老字号的重新振兴具有非常重要的意义：一方面通过老资产的唤醒与复古形象的运用，使用怀旧的方式，记忆的唤醒及传承复古风潮，凸显老字号的品牌优势和经典魅力，获取市场消费者持久的关注和持续的购买力；另一方面通过扩展新资产与改变形象，为老品牌拓展品牌资产进行全方位创新，提高品牌识别度和市场占有率。因此，品牌活化是中华老字号品牌管理的一项重要内容，也是提升品牌资产的一项重要举措。

三、老凤祥的前世与今生

（一）历史上的老凤祥

老凤祥，这个遍布在中国的各大城市的购物中心或街头的珠宝首饰业品牌，始创于 1848 年，诞生于我国早期银楼业发祥地的上海，是距今已经超过 171 年的中华老字号品牌，如今的老凤祥越活越年轻，成为当今国内最活跃成功的老字号品牌之一。

20 世纪 30 年代，老凤祥的金字招牌吸足了人们的眼球，老凤祥成为“成色准足、款式新颖、公道诚信”的代名词，风靡上海滩和华东地区。不但普通百姓慕名而来，也成了名门望族的选择（图 5-1）。

图 5-1　历史上的老凤祥银楼图片
（来源：上海年华 http://memory.library.sh.cn/node/39212）

“老凤祥”字号具有深厚的文化底蕴，“老”

寓意历史悠久，“凤”本来就是中国传说中的神鸟，是美好的象征，“祥”寓意吉祥如意、幸福美好的生活。

老凤祥的发展历程划分为表 5-1 所示的阶段。

表 5-1 “老凤祥”发展阶段表

阶段	时间	特征与事件
第一阶段	19 世纪 30 年代	老凤祥的第一个兴盛时期。以黄金销售为主，成为上海滩九大银楼之首
第二阶段	19 世纪 40 年代至改革开放之前	40 年代动荡时期，上海银楼业动荡不定，市场萧条，大批银楼，其中包括老凤祥部分银楼停业；新中国成立后数次改名，没有走出经营困境
第三阶段	20 世纪 90 年代初期	老凤祥受制于旧体制的制约，产品陈旧，市场狭窄，受到前所未有的挑战
第四阶段	20 世纪 90 年代中后期	1998 年与上海第一铅笔股份有限公司的合并重组中，开启了重铸辉煌的时代。2009 年，上海第一铅笔股份有限公司正式更名为老凤祥股份有限公司。2010 年，老凤祥被中国黄金协会授予“中国黄金首饰第一品牌”。在上海首饰市场，老凤祥占据 40% 以上的份额
第五阶段	进入 21 世纪	老凤祥成为国内享有盛誉的首饰品牌。2012 年，老凤祥走向国际市场

从老凤祥拓展海外市场的情况来看，2012 年 1 月，老凤祥珠宝香港有限公司正式成立运营，为海外拓展奠定了坚实基础；2012 年 8 月，老凤祥走出国门，在澳大利亚悉尼开设了第一家海外特许专卖店；2013 年 10 月，老凤祥珠宝美国有限公司成立；2014 年 12 月，老凤祥在美国纽约第五大道的专卖店正式开业；2015 年 9 月，老凤祥加拿大珠宝有限公司和温哥华的银楼开业；2016 年 9 月 28 日，老凤祥在香港的第六家门店——沙田分店开业；2018 年，老凤祥第二家纽约店开在了华人集聚的法拉盛地区，销售火爆（图 5-2）。

（二）老凤祥的现状

如今，老凤祥已经走过了 171 个春秋。老凤祥悠久的历史、深厚的文化底蕴，通过传承与创新，在品牌建设、发展规模、产业结构和产品结构等方面不断突破，已发展成为中国珠宝首饰业的龙头企业，成为中国首饰业的世纪品牌。

图 5-2　老凤祥在加拿大及香港的专卖店

（来源：老凤祥官网 http://www.laofengxiang.com）

目前，老凤祥集科工贸于一体、产供销于一身，拥有完整的产业链、多元化的产品线，拥有三千多个销售网点，多家黄金、珠宝首饰专业加工厂、子公司，东莞生产基地以及研究所、博物馆、典当行、拍卖行等；销售覆盖率达全国的 90% 以上。在国内取得高速发展的同时，本着“立足上海、覆盖全国、面向世界”的发展方向，老凤祥已走出国门，落户世界顶级商圈，与国际品牌比邻而居。

截至 2017 年 12 月，老凤祥自营银楼 169 家、连锁银楼 1407 家、经销网点 1531 家、香港地区门店 10 家、海外地区门店 3 家，总计 3120 家。2017 年老凤祥年销售近 400 亿，利润实现两位数增长。

老凤祥品牌多次入围上海百强企业榜、《财富》“中国 500 强”、“全球 100 大奢侈品公司排行榜”的第 13 位，连续十多年位列“中国 500 最具价值品牌”榜单，2017 年品牌价值达 260.97 亿元。2018 年，老凤祥再次荣列由国际权威机构 WPP 评选的“BrandZ 2018 最具价值中国品牌 100 强”，蝉联珠宝首饰业第一。

根据四大会计师事务所德勤公司发布的 2018 全球奢侈品公司排行榜中，老凤祥紧跟奢侈品牌 Hermès 和劳力士之后排在第 13 位。2018 年 11 月，在我国“第十一届 21 世纪商业模式高峰论坛暨 21 世纪中国最佳商业模式评选颁奖典礼”中，老凤祥的以“传承 创新 把中国的故事讲给世界”为主题，展现老凤祥在新生态、新技术时代下的变革，并被授予“21 世纪中国最佳商业模式创新奖”（图 5-3）。

图 5-3　位于北京西单的“老凤祥”专卖店

四、老凤祥品牌活化策略

（一）产品创新，让百年品牌焕发青春活力

1. 产品类型结构的调整

黄金首饰，一直是老凤祥的强项，也是企业安身立命之本。然而，如今的时尚潮流和趋势，已不再把黄金作为唯一的原材料，而是“百花齐放”。铂金、钻石、白玉、翡翠、有色宝石、珍珠……这些材料被使用得越来越多。

在调整产品结构上，老凤祥把钻石、钻饰首先作为重点项目开发，从原材料的采购、加工到设计制作等。其次，就是翡翠、白玉。因为翠玉既能作为高档商品消费，又有收藏的价值，因此，市场需求量持续上升。老凤祥与国内外珍珠养殖场进行合作，销售自己品牌的珍珠。由此，老凤祥在业内率先形成从“黄金、铂金、钻石、白银”老四大类首饰，向“白玉、翡翠、珍珠、有色宝石”新四大类首饰产品结构的延伸（图5-4）。

图5-4 “老凤祥”翡翠产品系列

（来源：老凤祥官网 http://www.laofengxiang.com）

通过这些年的努力，在老凤祥，黄金已不再一家独大。黄金销售的绝对值虽然还在增长，但比重已降低很多。金、银、铂、钻、翡翠、白玉、珍珠、有色宝石，已经成为企业的主要产品类。

2. 打造具有文化内涵的产品

随着人们收入的提高，对产品的审美和文化需要也提高了，为适应消费心理的变化，老凤祥不断推陈出新，吸引消费者。在提供丰富的产品选择的同时，强调产品造型奇巧多姿，工艺完美精致，在销金、铸造、鎏金、纹饰等方面技法纯熟，使消费者购买的选择更加丰富。

例如，老凤祥金镶玉产品颇受消费者欢迎，因为在中国传统文化中，金是富贵、权力等物质富裕的象征；玉则象征着人格、品德上的坚守与高尚。所以金与玉镶合，是物质财富与精神财富共得的美好希冀。同时，金玉组合中“金”象征着男性的刚强，“玉”象征着女性的柔美，所以金玉的组合也代表了男人与女人的结合，寓意“金玉良缘”，就如《红楼梦》中贾宝玉和薛宝钗的姻缘被大观园里的一众人等看作是“金玉良缘”，金镶玉也受到年轻情侣们的喜爱（图5-5）。

图 5-5 “老凤祥”开发的金镶玉产品图片
（来源：老凤祥官网 http://www.laofengxiang.com）

3. 产品设计植入活力元素，吸引年轻人

为吸引更多的年轻人，老凤祥推出了小动物造型的吊坠，包括有传统的十二生肖。各种立体感十足、造型活泼可爱乖巧的小动物给人增加了不少灵动气息，勾起人们不少的童年回忆，颇受年轻人的推崇。

2016 年 4 月，老凤祥正式发售了老凤祥迪士尼主题系列新品，将时尚、年轻、浪漫、梦幻的卡通情节植入更多年轻消费者群体。老凤祥迪士尼主题系列新品材质涵盖黄金、白银、K 金、彩色宝石、钻石、珍珠、珐琅和金镶玉等各种材质；产品品类有项链、吊坠、手链、手镯、戒指、耳环、胸针等，种类丰富、款式多样，满足了消费者不同需求，引领年轻消费者群体的购买潮流。

2017 年，老凤祥迪士尼授权升级，黄金系列产品全新上线，主推 3D 硬足金“米奇”系列，以更多元的产品设计、更亲民的价格，打造 2017 老凤祥“米奇”年。将品牌植入更多的年轻、活力和多元的文化元素，赢得年轻消费者的市场，实现品牌年轻化和全球化（图 5-6）。

图 5-6 “老凤祥”推出迪士尼系列产品宣传图
（来源：老凤祥官网 http://www.laofengxiang.com）

4. 以品牌的影响力不断开发新产品

2017 年，老凤祥推出了眼镜和腕表系列产品。

老凤祥眼镜被称为“金饰珠宝眼镜”，包括素金镜架、黄金镶嵌钻石与宝石的镶嵌镜架，在制作中将珠宝技艺中的镂空技术、镶嵌技术等运用到金饰珠宝眼镜，打造体现艺术与品位的老凤祥镜架，部分款式还获得了国家专利。其中，以“凤之翎”为首的多款老凤祥的明星系列产品受到消费者欢迎，其镜架设计灵感源于凤凰翩翩起舞的意境，以极细的羽毛图案做出了凹凸有致的立体感，整副镜架看起来就像是凤凰在舞动，华丽高雅、大气时尚，宛若涅槃重生。

2017 年 5 月 15 日，老凤祥在上海成立老凤祥钟表有限公司，秉承“百年老凤祥，经典新时尚”的理念，隆重推出腕表系列。老凤祥腕表从选材到加工、从零件组装到成品，再到产品质量检测，每一道工序、每一个环节都严格考察、严抓质量、确保安全、有序生产、精工细作，以匠人精神打造每一块钟表（图 5-7）。

图 5-7 “老凤祥”推出钟表新产品

（来源：传承百年经典 老凤祥开创腕表新代 http://www.sohu.com/a/210244283_284489 2017-12-13）

由此，老凤祥从一个传统的珠宝首饰品牌，逐渐拓展为年轻、时尚、国际化的珠宝和饰品品牌。腕表和眼镜成为老凤祥企业品牌发展战略和市场营销策略的重要组成部分，完善了企业产品链和多元化产品线的需求，体现了老凤祥在新时代的新形象。

（二）服务创新，推出定制服务和个性化体验

随着中国珠宝市场的日益成熟和细分市场的出现，顾客的需要和期望是不断变化的，老凤祥坚持顾客导向，不断地进行服务创新，以新的服务适应顾客新的需要和期望。

1. 名师高级定制

老凤祥在新的市场需求下，坚持传统服务的同时，求新求异独树一帜，针对需求强烈的高定市场，成立中国首家“老凤祥名师高级定制”，集材料、设计、制作、服务于

一体，为每一个顾客定制个性化产品和服务。“老凤祥名师高级定制”引领个性化设计与工匠精神结合的风尚，也是中国珠宝品牌参与国际市场的一种表现力。

2016年，“老凤祥名师高级定制”工作室揭牌，有四位国家级工艺美术大师驻场大师工作室。大师工作室不仅是面向高端市场的一个窗口，也是大师技艺传承的平台。国家级工艺美术大师的每一件佳作，都体现经典品味及高端华彩。

2. 增强顾客体验

老凤祥时尚珠宝定制体验中心是一家集珠宝设计师原创作品展示、互联网珠宝定制体验、时尚珠宝展示与艺术珠宝定制体验于一体的新型珠宝销售模式门店，是老凤祥战略方向调整的重要里程碑。

2016年12月23日，杭州嘉里中心的老凤祥时尚珠宝定制体验中心正式营业。据老凤祥相关负责人介绍，有别于老凤祥其他门店，老凤祥时尚珠宝定制体验中心融合“时尚珠宝设计师原创作品展示交流”“互联网技术珠宝定制体验”“珠宝文化交流沙龙”“艺术珠宝与时尚珠宝自由定制”四大主题功能与“个性时尚馆”“高端珠宝博物馆”两大主题馆，旨在向消费者提供专业的珠宝设计文化体验与时尚珠宝定制服务，并融入互动体验式科技技术，为每一位消费者设计专属的独一无二的珠宝，让喜爱老凤祥品牌的消费者有了更加多元化的选择，以此实现百年珠宝品牌的又一次华丽转身。

同时，体验中心里还有着完整的设计师团队，可满足个性化风格定制需求；有庞大的宝石、款式和材料数据库，提供精准、高效的定制服务；还有顶级高品质珠宝现货展示和品鉴，为珠宝增值收藏的市场需求提供了正规可信的平台。

“互联网技术珠宝定制体验”是老凤祥时尚珠宝定制体验中心里科技含量最高的一个主题功能，运用多重互联网技术让消费者们享受全新的购物体验——通过VR沉浸式场景体验，消费者可以以独特视角参与到珠宝首饰的设计制作中去，真切的感受珠宝设计每一笔的意义，近距离体验珠宝制作过程和工艺，感受珠宝定制的独特魅力。

（三）继承精湛的技艺传统，设计工艺在变中求新

老凤祥在技术创新方面，首先，加大技术创新，加快产品结构调整，提高产品科技含量和附加值；其次，注重在传统首饰领域引进新材料、新工艺、新技术；再次，组建公司设计室，形成新产品研发中心。

2004年，由上海市经济委员会首批授牌成立了上海市原创设计大师工作室——上海老凤祥名师设计中心，由多名中国工艺美术大师组成。这些设计大师不但设计产品，还会在老凤祥商店进行现场指导，为个体消费者量身打造适合的产品，也为企业消费者提供产品设计方案。

2012 年，《老凤祥金银细工制作技艺》书籍入选上海市国家级非物质文化遗产名录项目丛书。目前，老凤祥拥有国家级工艺美术大师 7 人、市级以上工艺美术大师 17 人，各类中高级技师 87 人，这是老凤祥品牌的核心竞争力之一。迄今为止，老凤祥的大师们和新锐设计师团队已在国内、国际的专业设计比赛中获得了三百多项奖项，一些作品已被国内外知名博物馆馆藏。

如今，老凤祥还引入了 3D 打印技术，利用高科技来设计产品。使用 3D 打印技术，不仅工作效率提高了，产品的效果也更好了。不仅如此，3D 打印技术的引入还方便了原有产品的进一步衍生，更有助于产品的优化，也为基础产品的个性化定制改造提供了可能性，一经推出就受到了顾客的关注和欢迎。

老凤祥百年工艺的传承以及高科技的使用，造就了老凤祥设计师们海纳百川、追求卓越的创意、创造、创新的精神特质，成为老凤祥高速发展、企业转型升级的动力之源，也奠定了为消费者提供个性化设计与优质服务的雄厚基础。

（四）全方位、立体式品牌推广

1. 展会营销

“文化创意”成为老凤祥拓展市场的有力武器。从 2006 年的“响亮 2006——老凤祥情人节浪漫之夜”，2007 年 6 月香港“SMG 群星闪耀东方老凤祥之夜——香港回归十周年主题晚会”，从上海的外滩几年来“新年晚会”“上海电视节”和 2013 年 6 月的“第 16 届上海国际电影节”……老凤祥的品牌的力量和魅力赢得了越来越多人们的喜爱。

老凤祥已经成功举办了 16 届上海国际首饰文化节，每一届老凤祥参展的品牌内涵不同，产品形式不同。另外，老凤祥积极参与国际会展，始于 1991 年拉斯维加斯国际珠宝展览会是全球珠宝行业展览会不能错过的三大盛事之一，是影响最广泛的珠宝业盛会。2017 年展会规模已达到近 6 万平方米，参展商 2455 家，来自世界四十多个国家和地区，专业观众达到 23000 人。2017 年，老凤祥连续 12 年参加美国拉斯维加斯国际珠宝展览会（JCK Las Vegas）。

通过参加展会推广营销活动扩大了老凤祥知名度和提高了声誉，同时，大量的媒体报道和行业内人士的参与，有效地提升了老凤祥品牌形象，吸引着世界各地的专业买家光临，成为珠宝商拓展国际业务、树立品牌形象以及寻求国际合作的绝佳平台。

2. 事件营销

为了开展品牌推广活动，老凤祥抓住国家的重大事件作为发展契机。例如，1983 年，老凤祥为奥委会打造了一个印制勋章，当成品到达萨马兰奇手中后，他被老凤祥的设计及工艺所迷倒，忍不住称赞。1997 年，上海市政府采用老凤祥设计生产的集传统工艺和现代科学技术于一身的艺术品送给香港用于祝贺香港回归。2001 年 10 月，APEC 会议在上海举行，细心的人会注意到首脑夫人身上有一枚美丽的胸针，这枚胸针就是老凤祥为这次会议悉心制作的送给贵宾的礼品。

3. 代言人宣传

老凤祥的品牌代言人是影视明星赵雅芝，是在全球华人社会有着广泛的知名度的著名演员，被誉为古典第一美女。在其演艺生涯中参与多部轰动时代之作，角色从民国女性演到侠女仙子，更以在电视剧《上海滩》和《新白娘子传奇》精湛的演技风靡亚洲。

赵雅芝的个人形象、气质、知名度、美誉度，再加上赵雅芝所演绎角色的“上海情缘”以及其个人的阅历和年龄等各方面与“老凤祥”这个百年品牌非常匹配，其个人形象高贵、典雅、大方、柔美很好地展现了老凤祥的品牌形象。

另外，老凤祥专卖店大多采取西式建筑风格，设计独特、典雅大方，成为一个城市商业风景的一部分，这对品牌的传播也起到积极的作用（图 5-8）。

图 5-8　位于上海繁华的商业街—南京东路上的老凤祥店

（来源：作者自拍摄像）

五、品牌发展前景与建议

（一）我国珠宝首饰的市场情况

中国是世界上最重要的珠宝首饰生产国和消费国之一。随着中国经济的发展、人民消费水平的提高，珠宝首饰正在成为继住房、汽车之后中国居民的又一消费热点。其中，中国黄金市场自 2002 年实行市场化改革以来到一直保持较快发展的势头。2019 年 1 月 31 日，根据中国黄金协会公布数据，2018 年我国黄金实际消费量 1151.43 吨，与 2017 年相比增长 5.73%，连续 6 年保持全球第一位。同日，世界黄金协会发布 2018 年《黄金需求趋势》报告，显示 2018 年全球黄金需求同比增长 4%，全球央行官方黄金储备增长 651.5 吨，同比增长 74%，是有记录以来的第二高。

中国黄金首饰市场在近年来得到了快速发展，一方面，随着市场开放及生活水平提高，国人的首饰需求不断增长；另一方面，全球性的金融危机提升了人们的避险意识，黄金的保值功能重获关注，成为消费者购买金饰的另一个考虑因素。

随着黄金首饰的设计和工艺不断推陈出新，黄金饰品的产品风格不再局限传统的端庄大气，兼具古典与现代气质的黄金饰品得到了越来越多中国消费者的青睐。

目前，我国珠宝首饰的消费需求正朝着个性化、多样化方向发展。珠宝企业通过深度挖掘特定群体的消费偏好，力图在某一细分领域形成竞争优势。中国珠宝首饰行业已经呈现出差异化竞争局面。随着 Cartier、Tiffany 等国外品牌进入中国市场，国内珠宝市场竞争日益激烈。

根据产品的目标消费群体定位不同，全球珠宝零售企业可以分为国际知名品牌、全国性品牌和区域性品牌。目前国内高端市场，主要被 Tiffany、Cartier、BVLGARI 等国际珠宝巨头垄断。占据市场主要份额的中端市场的全国性品牌主要是以周大福、周生生等为代表的传统港资品牌和以老凤祥、明牌珠宝、潮宏基、周大生等为代表的内地全国性品牌。除此之外，北京菜百、浙江曼卡龙等区域性品牌凭借其在特定区域的渠道优势和品牌沉淀，成为区域市场的强势品牌，并得以在此基础之上，快速扩张，辐射周边地区（表 5-2）。

表 5-2　我国主要珠宝首饰零售商

品牌	公司名称	主要业务模式
国际知名品牌	Cartier	自营
	Tiffany	
	BVLGARI	
港资品牌	周大福	自营、加盟
	周生生	自营
	谢瑞麟	自营
	六福珠宝	自营、加盟
内地全国品牌	老凤祥	经销、加盟、自营
	明牌珠宝	经销、加盟、自营
	潮宏基	自营、加盟
	爱迪尔	加盟、经销

续表

品牌	公司名称	主要业务模式
内地全国品牌	通灵珠宝	自营、加盟
	周大生	加盟、自营
区域性品牌	北京菜百	自营
	浙江曼卡龙	自营、加盟

（资料来源：http://www.chyxx.com/industry/201705/523599.html）

（二）建议

如今，老凤祥通过品牌活化，实现了涅槃重生。这源于老凤祥不断创新的经营理念、严格的质量管理体系、精湛的工艺和完善的特色服务等。民间广为流传的“老凤祥首饰，三代人的青睐”正反映出了消费者对这一首饰著名品牌的钟爱，老凤祥“牌子老，款式新，工艺精，信誉好”是消费者对老凤祥品牌的共识。

目前为止，老凤祥主要是靠实体店铺运营来进行品牌的销售，且加盟商所占比例较高。自营模式和加盟模式各有优劣。自营模式对企业的资金实力和渠道管理能力要求较高，包括员工管理、市场营销、新开店铺、渠道拓展以及库存控制等，如国际高端珠宝品牌 Cartier、Tiffany 和 BVLGARI 都是自营模式；加盟模式主要优点是有利于品牌的迅速扩张、获取市场份额，但不足之处是对加盟商的管理和品牌维护能力要求较高，无论在商店装饰、包装或品牌活动策划、利用新媒体推广方面较大部分企业相比仍有较大的差距（表 5-3）。

表 5-3　国内部分珠宝企业自营和加盟的情况

公司	自营（家）	加盟 / 经销（家）
潮宏基（截至 2016 年 6 月末）	718	
明牌珠宝（截至 2016 年年末）	超过 900	
萃华珠宝（截至 2016 年 6 月末）	16	395
老凤祥（截至 2016 年 6 月末）	178	2808
爱迪尔（截至 2016 年年末）	5	400 余
通灵珠宝（截至 2016 年年末）	292	286
周大生（截至 2016 年 6 月末）	294	1994

（资料来源：http://www.chyxx.com/industry/201705/523599.html）

随着网络技术的不断发展，电子商务是珠宝首饰类产品销售的大势所趋，使用电子商务不但是使用电子商务来获得利润，而是通过建立网站改善品牌形象，突破原有的陈旧的品牌形象来适应如今快速发展的市场的需求。

另外，通过新媒体进行品牌传播值得企业关注，通过官方微博、官方微信等公众平台为消费者提供公司及产品信息，使消费者能够及时掌握品牌的最新动态。还可以通过微博、微信等公众平台发表新品信息和产品促销信息，这样，既可以推广公司产品又可以节约广告费用。与此同时，这种公众平台互动性强，通过公众平台与消费者沟通，掌握消费者以及客户的意见。从而提升自己的服务，拉近和消费者之间的关系，也可以根据消费者对于产品的想法和喜好来改进或者是开发新产品，从中发现商机，促进企业的发展。

此外，视频网站的广告投放也是必不可少的，老凤祥可以结合消费者访问互联网习惯，比如选择引领潮流和吸引粉丝量多的爱奇艺、搜狐、优酷等视频网站进行广告投放，改变以往只是依赖平面广告的媒体策略，以吸引年轻的消费者。

总之，以品牌活化理论为基础，中华老字号“老凤祥”实施的营销创新策略不但实现了产品销量的提高，增加了企业利润，更重要的是传达了品牌形象和传递了品牌价值，使“老凤祥”百年品牌的文化基因深入扎根于消费者的心中。

（白玉苓）

参考文献

[1] 李婷婷. 经典国货化妆品品牌活化的创新设计策略研究：以谢馥春品牌为例 [D]. 无锡：江南大学，2018.

[2] 关冠军，祝合良，等. 北京老字号品牌创新发展的路径研究 [M]. 北京：中国商务出版社，2016.

[3] 彭博，晁钢令. 中国传统老字号品牌激活研究 [J]. 现代管理科学，2012（3）：90-92.

[4] 何佳讯，李耀. 品牌活化原理与决策方法探窥：兼谈我国老字号品牌的振兴 [J]. 北京工商大学学报：社会科学版，2006（6）：50-55.

[5] 老凤祥官网 [EB/OL]. http://www.laofengxiang.com.

ii

第二篇

专题理论篇

第六章
“互联网 +”服装产业：价值发现与再造

在全球新一轮科技革命和产业变革中，互联网与服装领域的融合发展具有广阔前景和无限潜力，已成为产业升级的方向，对服装产业发展产生着战略性和全局性的影响。在“互联网 +”背景下，服装产业在价值创造、价值实现以及价值传递各环节与互联网的充分对接，实现设计生产模式、流通渠道直至全产业链的协同创新。

一、“互联网 +”是服装产业转型升级的必然选择

中国宏观经济呈现进入新常态阶段，经济增长从高速增长转为中高速增长；增长的形态表现为经济结构不断优化升级；增长的动力从要素驱动、投资驱动转向创新驱动。国家制定“互联网 + 行动计划”基于经济新常态形势，旨在促进互联网与传统产业融合创新，移动互联技术、物联网、大数据和云计算与产品设计生产、销售渠道的融合，促进产品设计、制造、销售和消费方式的根本性转变。

互联网 1.0 时代是互联网产业时代，主要表现为互联网产业自身发展，包括个人电脑、手机以及通信网络技术建设，实现从互联网作为媒体到生活服务直至生活场景的演进。互联网 2.0 是产业互联网时代，主要表现为互联网作为要素对传统产业的改造与提升，即“互联网 +”。互联网正在成为产业跨界融合的纽带，研发、制造、销售、服务等更多生产环节正在深入而广泛地应用互联网技术。

中国服装产业具备较明显的比较优势，产能与出口连续 30 年全球第一。2014 年产量达 299 亿件，出口 1863 美元，贸易顺差达 1801.5 亿美元。但是同时面临着国内生产成本高、人口老龄化、人口红利消退、市场个性化需求突出等挑战，外围又有欧美国家、东南亚国家的市场竞争，迎接挑战，实现从服装大国到服装强国阶跃必须依赖于模式创新、技术创新、管理创新。互联网作为生产要素，改造提升服装产业价值链的各个环节，成为创新的必然选择。在“互联网 +”的全程协同模式下，消费者体验式的参

与颠覆传统生产的垂直分工体系，企业、客户及各利益方可以互助式参与到价值创造、传递、实现等环节，客户得到个性化产品、定制化服务，企业获取超额利润，构建互联网 + 型商业生态系统能力将成为企业核心竞争力。

二、“互联网 +”服装产业转型升级路径

服装产业链包括基础价值链、附加价值链和支撑体系三大部分，如图 6-1 所示。基础价值链包括市场研究、原材料开发供应、设计研发、产品生产、品牌运营、渠道销售 6 个一级产业链环节。附加价值链包括流行信息服务、服装传媒、服装展会、服装表演、教育与培训、广告与公关代理、管理咨询 7 个产业链环节。支撑体系包括纺织机械、标准与检测、政策法规、物流、金融服务 5 个产业链环节。

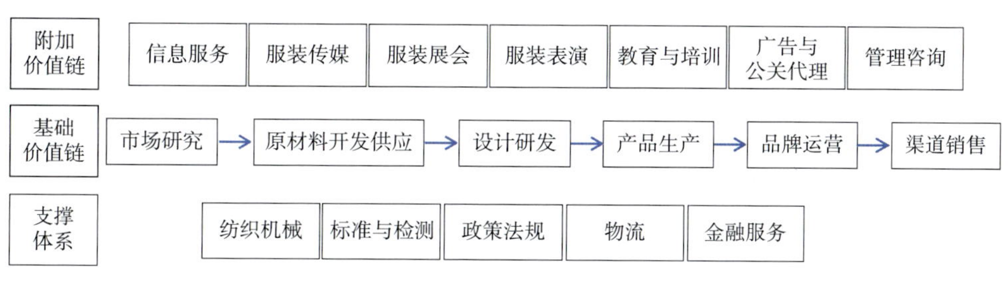

图 6-1　服装产业链形态图

在工业社会，服装产业转型升级路径一般是：由第一阶段的代加工生产（Original Equipment Manufacture，OEM）向第二阶段自主设计生产（Original Design Manufacture，ODM）阶段升级，接着向第三阶段自有品牌生产（Original Brand Manufacture，OBM）升级。目前，国内服装产业已经拥有自主设计能力，并孕育一批全国性和区域品牌，基本完成由 OEM 到 ODM、OBM 的转型升级。互联网时代，服装产业的升级主要依托以互联网技术与思维再造整个产业链，互联网技术对服装产业的转型的渗透和改造逐渐深入，从简单到复杂，从企业外部活动之间深入到企业内部流程，从传播、销售渠道等业务层面演进到整个供应链的整合与全程协同（图 6-2）。

（1）传播互联网化：利用门户网、IM、BBS、Email、百科、问答、博客、社交网站、微博以及微信等手段，企业组织各项广告、公共关系等传播活动，建立品牌知名度，提高销售额。

（2）销售互联网化：电子商务方式日益成为服装产品重要的零售渠道，企业积极开展线上商务活动，利用综合类网络购物平台（如京东、当当、亚马逊、淘宝 / 天猫）、

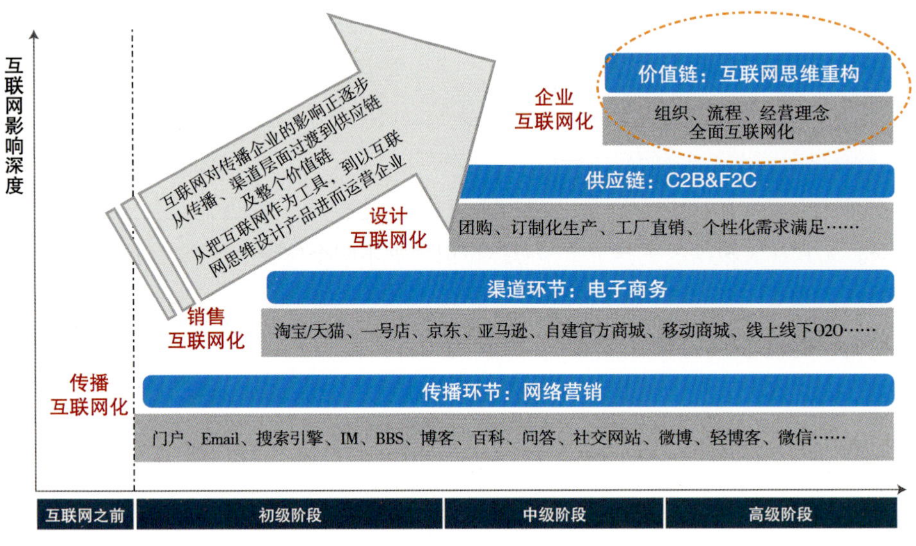

图 6-2 “互联网 +”服装产业升级路径

服装垂直电商网站、服装品牌企业官网商城进行线上销售。最终实现线上线下融合，即O2O。

（3）设计互联网化：可以基于电子商务平台，构建服装产品的个性化设计研发，实现大规模定制，即 C2B 以及 F2C。

（4）企业互联网化：企业以互联网思维再造价值链流程，最终实现全程协同的智能化价值创造过程。

三、服装品牌全媒体传播

互联网时代，原先的金字塔社会向体育场式社会转变，即围观式社会的逐渐形成。基于此，全媒体传播已经成为品牌传播的新常态。

（一）全媒体的定义与特点

“全媒体”指媒介信息传播采用文字、声音、影像、动画、网页等多种媒体表现手段（多媒体），利用广播、电视、音像、电影、图书、报纸、杂志、网络等不同媒介形态，通过融合的广电网络、电信网络以及互联网络进行传播，最终实现用户多种终端均可完成信息的融合接收。

全媒体传播形态的特点包括：

（1）综合运用多种信息手段。

（2）全媒体是传统媒体与新媒体、大众媒体与个众媒体的有机结合。

（3）全媒体是各种媒体传播的全方位融合。

（4）全媒体能够兼顾信息的覆盖率和到达率。

全媒体能够将信息发送到需要的任何地方，也能够确保将信息发送给任何确定的单一受众。尤其在大数据的支持下，全媒体可以根据不同个体受众的个性化需求以及信息表现的侧重点来对采用的媒体形式进行取舍和调整，提供超细分定制服务。全媒体能够根据精准化需求和成本效益准则，整合运用各种表现形式和传播渠道，以求投入最小——传播最优——效果最大。

（二）实施多屏互动策略，打造服装品牌全媒体传播平台

服装企业要想塑造和维护品牌，信息不仅仅要在一家或几家媒体投放，更是要做全媒体传播。当单一频道增长乏力的时候，企业品牌传播应该开拓分散化和互动化的渠道，通过全媒体与消费者进行互动、沟通。未来品牌在媒体选择的时候不再像以前仅仅依赖反复播 30 秒、15 秒的电视广告，而是要全频道、全媒体，跟消费者多方位、立体化的沟通。

服装品牌的传播应从战略策略的源头开始完成全面的整合，包括传播理念、技术、内容、媒体形式等不同维度的融合，其目的是通过包括电视、PC、Pad、手机在内的四块屏之间的互动，让消费者随时随地接触到品牌传播内容，同时也让传播内容随时随地找到消费者。通过搭车社会热点、制造热门话题，促进销售渠道和平台的跨媒体整合，将打造出信息传播与销售一体化的全媒体平台。

多屏互动能够充分发挥互联网粉丝经济的力量，能够利用品牌的二次传播，扩大传播效果，节约传播费用，视频内容本身具有的互动性也能够调动消费者的参与感，因此以多屏互动策略为核心的服装品牌全媒体传播时代已经来临。

四、“互联网 +”流通：线上与线下渠道融合

互联网对服装零售模式也进行了重塑，电子商务正在改写服装零售的市场格局。近年来品牌服装等线上销售增长迅速，据艾瑞咨询统计，2014 年中国服装线上交易规模约为 6153 亿元。

(一)线上零售模式的选择

目前国内服装电子商务模式主要可以分为：综合类网络购物平台家居 / 服装频道（如京东、当当、亚马逊、淘宝 / 天猫）；服装品牌企业官网商城；服装品牌垂直电商网站。

线上零售商的发展两大趋势：一是综合式电商继续扩充产品品类和品牌，提供一站式购物；二是平台与品牌商合作加剧，平台式电商发展迅猛，而将面临更大成本以及引流压力的独立垂直电商，被迫放弃了做自有平台，开始向品牌供应商转型，嫁接于京东、亚马逊、当当等平台电商，希望借助平台电商的庞大流量，降低成本，扩大销量。

(二)扩大电商应用

扩大电子商务应用，一是要探索电子商务发展规律，健全电商交易体系、物流配送体系、信用监测体系等配套制度，促进电子商务规范健康发展。二是要建立平台商城专卖店、社区商城、官方网上商城、移动端平台等多种渠道，实现全网覆盖，方便商品促销、销售、物流同步管理。三是鼓励多渠道融合的商业模式创新，推动线上线下整合的 O2O 方式的实践与推广，从而促进顾客资源整合、供应商资源整合以及服务体系整合。四是重视移动端电商平台的布局，利用移动社交平台（如微信），开发独立移动购物 APP 和 WAP，为服装销售渠道建设开辟新的途径。

(三)O2O 模式应用

由于实体零售和网络零售各具特色和优势，两者相互融合发展，形成 O2O（Online to Offline）模式，实现线下体验线上购买。在流程再造的基础上，将实体销售和网络销售分工协作、融合打通，整合为统一的渠道。在这种安排下，实体店往往主要完成商品展示体验、试衣、定制、售后服务等功能，而商品信息传播、交易支付功则更多通过网络平台实现。也可采用线上宣传引流，线上线下促销联动，线下实现交易等方法。

当前，服装企业 O2O 模式正处于探索阶段，优衣库、美邦、绫致服装等已开启 O2O 战略，开始打通线上线下的区隔。但是服装企业 O2O 战略实施依然处于探索阶段，面临诸多挑战：IT 系统建设滞后，对线上线下资源整合能力弱；加盟商占比偏高，由于存在渠道冲突，加盟商对于 O2O 实施消极甚至抵制；供应链上下游缺乏协作等。

O2O 模式对企业以互联网思维重塑销售渠道体系提出了更高要求。发展服装 O2O，一是要有足够成熟的 IT 系统和强大的供应链管理体系，包括生产管理、订单管理、物流管理、员工管理，保证消费者良好的购物体验。二是要设计合理的销售激励机制，消除渠道冲突，促进线上线下的合作，利于消费者方便获取商品信息，扩大销售。

五、“互联网 +”服装研发设计：个性化规模定制

消费者对产品的需求集中两点：个性化、性价比（图 6-3）。但在供给端这两点具有天然的矛盾，个性化需要生产的柔性，性价比需要生产的规模化。个性化规模定制为解决这一矛盾提供了可能的方案。就是建立基于互联网的研发设计流程，依据消费者个性化设计要求，以规模生产的成本实现产品个性化生产。

服装企业借助 C2B 网上产品研发模式（图 6-4），可以精准地锁定消费需求，再造

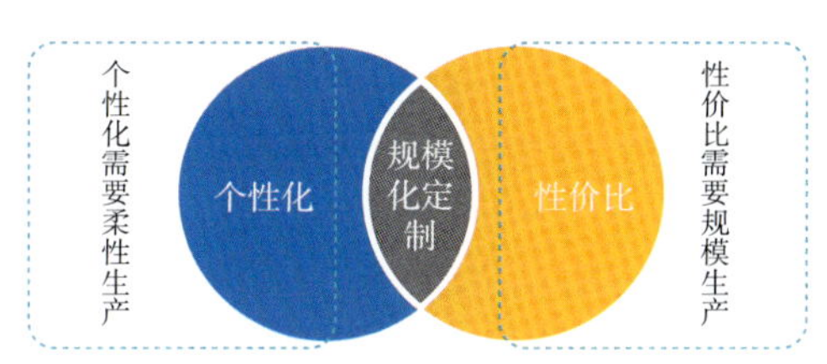

图 6-3　个性化规模定制

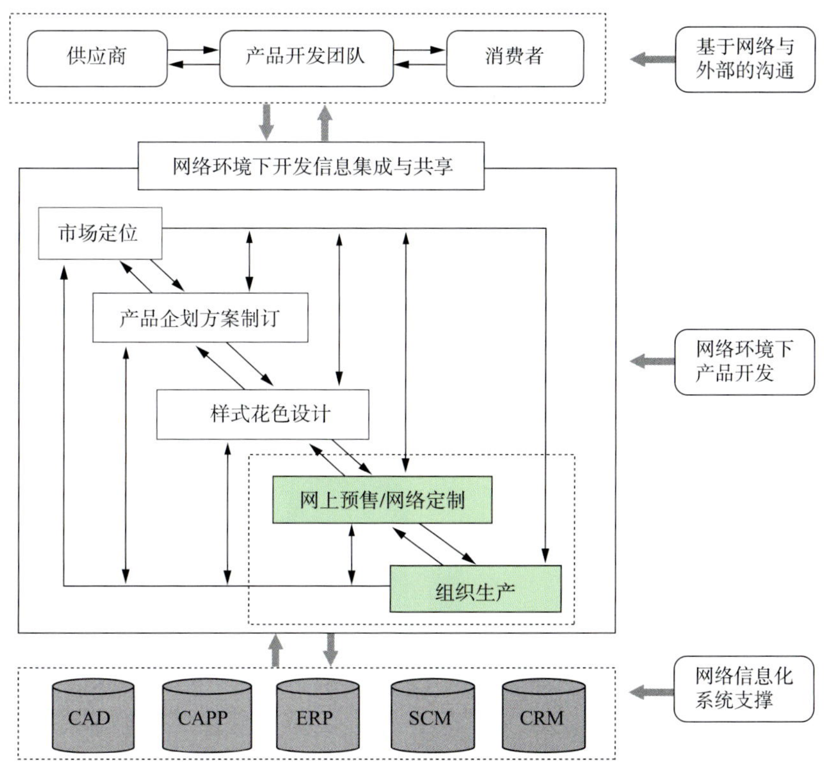

图 6-4　基于 C2B 的服装产品开发模式

产品开发流程，控制上下游供应链，有效降低产品开发成本，减少多余环节，缩短产品开发周期。另一方面，基于网络平台，消费者主动参与产品设计、生产和定价，可以自主选择或自己提供产品的展现内容（图片、文字等）、制作工艺（烫钻、印花、绣花）、颜色以及款型等，与企业实现互动，能更好地满足多样化和个性化的消费需求。

在“互联网 +”服装研发方面，可以开展如下工作：

（1）推广行业开放性研发平台。利用互联网连接，依托研发中心，整合设计研发人员和设备设施资源，推进研发资源共享，提高科研设备利用率，提高平台的服务功能和设计孵化功能。

（2）实现平台化管理，接受委托研发设计及产品预制等服务，加强服装设计的社会化合作，加速研发技术的应用，提高设计能力与研发成果转化率。

（3）打造自助式设计服务平台，鼓励消费者参与设计研发，实现服装产品“众创”设计的服务方式。

六、全过程协同的智能化价值创造

（一）4.0 时代的服装智能制造

互联网的跨界融合正加速“微笑曲线”走向“全程协同”的进程。随着工业 4.0 的到来，基于物联网技术的云制造平台的运用，服装产业将向技术、资本密集型转变；“人工智能、机器人和数字制造”，将重新构筑制造业的竞争格局。服装智能制造将通过利用先进自动化生产设备进行技术改造升级，进一步减少服装企业生产用工总量，优化工艺技术流程，提高劳动生产率和产品优质率，提升服装产品质量，增强中国服装国际竞争能力。

在智能服装发展进程中，面临三点挑战。（1）由于对智能服装内涵认识不清，服装企业尚未探索出与互联企业的有效合作模式。（2）国内智能服装关键共性核心技术缺失，成为我国智能服装发展的一大瓶颈。（3）虽然国内领先的服装企业已经有了智能服装的发展规划，有的已经开始实施，但技术能力较低，进展缓慢。

推进制造过程智能化。在行业骨干企业试点建设智能工厂 / 数字化车间，加快人机智能交互、工业机器人、智能物流管理、增材制造等技术和装备在生产过程中的应用，促进制造工艺的仿真优化、数字化控制、状态信息实时监测和自适应控制。加快服装供应链管理、产品全生命周期管理系统的推广应用，促进设计与制造、产供销一体、业务和财务衔接等关键环节集成，实现智能管控。

（二）全过程“互联网 +”协同

1. “互联网 +”服装生产制造

建立快速反应的供应链系统，实现生产流程的数字化、智能化、网络化；实时掌握客户关于产品面料、款型、花色等方面需求，实现服装产品的按需研发设计与加工生产。

发展服装行业柔性生产方式和智能制造的生产模式。加强服装企业与自动控制系统、能源系统、质量保障系统相关企业的合作，对生产过程进行智能化改造，建设智能化生产线，实现能力升级。

2. “互联网 +”服装营销

基于全媒体策略，推进品牌传播场景化、数据化、内容化、社群化发展。加快电子商务交易平台建设，融合线上线下，构建协作高效的一体化渠道系统。提高网上交易、信用支付、物流配送等服务水平。推动跨境电子商务发展，结合大数据营销，推动跨境电子商务精准化发展。

3. “互联网 +”服装物流

开展基于互联网的在线交易、结算支付、物流配送，以及物流保险、物流金融等新形式物流服务。服装企业与物流企业合作创立互联网物流体系，建立订单驱动物流流程，管理原材料与产成品的库存及实时配送，保障配送及时、准确，减少库存浪费。

4. “互联网 +”服装质量追溯

建立基于物联网等技术的服装溯源系统，实时追踪产品存量、在途货品、价格信息、分销网络，实现产品全过程追本溯源：从生产流通到消费全程监控和追溯，并可进行品牌产品的安全防伪。

建立监测与风险预警网络平台，推动服装质量监管。运用大数据信息分析质量问题，定期在线发布质量信用信息；网上曝光质量黑名单，对行业和区域质量安全进行网络预警；逐步建立质量标准网上公示与鉴证制度。

5. “互联网 +”服装售后服务

高端服装品牌可以与专业清洗企业开展合作，为产品提供高质量的清洗、保养等售后服务。

“互联网 +”战略基于“互联网 +”思维，开发应用于服装企业的工商业一体化全新模式，使整个产业链上的各环节实现协调统一。今后需要集中全行业力量在规划发展模型、搭建网络基础、设计组织结构、建立行业标准、培育适用人才等方面，积极开展前瞻性、基础性研究，加快服装产业在工业 4.0 愿景下健康发展。

（赵洪珊）

参考文献

[1] 国家统计局. 2014 年国民经济和社会发展统计公报 [EB/OL]. http://news.xinhuanet.com/ttgg/2015-02/26/c_1114446937.htm.

[2] 朗恩·萨福科. 全营销：聚集三大媒体营销正能量 [M]. 王权，肖静，王正林，译. 北京：电子工业出版社，2013.

[3] 李薇薇. 服装零售 O2O 裂变. 商界评论 [J]. 2014 (7): 96-99.

[4] 张莎莎. 网络环境下服装产品开发模式研究 [D]. 北京：北京服装学院，2013.

[5] 心语，乌兰. "智造型"产业链，是唯一的未来 [J]. 中国制衣，2013 (1): 18-24.

第七章
基于画布的商业模式应用案例分析

随着大数据时代的到来，消费市场个性化趋势的日益显著，企业的经营管理发生巨大变化，涌现大量新型商业模式。本文介绍了商业模式研究兴起的背景，详细介绍了商业模式画布这一重要分析工具，并以某服装企业为例讲解商业模式画布的具体应用。希望通过本文的简单介绍，帮助读者初步了解商业模式画布在时尚纺织类企业的具体应用。

一、商业模式研究的兴起

“商业模式”（Business Model）这一概念，最初是于20世纪50年代，由康克萨尔（Konczal）和多托雷（Dottore）在信息管理领域的数据和流程的建模研究中提出。20世纪90年代，伴随着互联网的兴起，尤其是在20世纪末的互联网创业潮的推动下，商业模式的相关理念及实践成果帮助诸多企业从日益激烈的市场竞争中脱颖而出，从而吸引越来越多的管理者、投资者及研究人员进入这一研究领域。

由于商业模式的研究人员来源广泛，研究视角多样，迄今为止，尚未达成对商业模式定义的共识。莫里斯（Morris，2003）等通过分析30个商业模式定义，将其从低到高划分为经济类（Economic）、经营类（Operational）和战略类（Strategic）等三类；原磊（2007）做了进一步发展，增加了整合类（Integrated）这一等级。可以说，这四类商业模式定义的划分，也是商业模式的重要的研究视角。综合商业模式的研究视角，可看出商业模式涉及企业运行的各构成要素、要素之间的关系、经济模式、运营结构和战略方向等诸多方面。因而，本文将商业模式界定为企业运行的经济模式、运营结构及战略方向的整合与提升。

由于对商业模式的定义尚无定论，对商业模式构成要素的界定也众说纷纭。并且，莫里斯（Morris，2003）还认为不同行业中，商业模式的构成要素也存在差异。主要代表人物有：约翰逊（Johnson）和克里斯坦森（Christensen）在《商业模式创新白皮书》中提出的三要素说，确定客户价值主张、资源与生产过程、盈利公式等三个构成要素；魏炜和朱武祥在《发现商业模式》中提出的六要素说，确定业务系统、定位、盈利模式、关键资源能力、现金流结构、企业价值六个构成要素；李振勇（2006）在《商业模式——企业竞争的最高形态》中提出的七要素说，确定客户价值最大化、整合、高效率、核心竞争力、持续盈利、整体解决、系统七个构成要素。本文倾向于选择宁连举（2016）在《互联网商业模式》一书中提到的六要素论。将商业模式的构成要素界定为价值主张、客户关系、关键业务、核心资源、盈利模式、合作伙伴六大要素。

其中，价值主张指企业通过提供商品或服务满足了消费者何种未被满足的需求，吸引消费者购买，从而获取收益。一般意义上讲，价值主张可物化为企业提供的可选系列产品或服务。客户关系指企业与目标客户群体所建立的关系类型，包括获取客户、销售管理、关系维护等内容。企业需对每个细分客户群体采用何种方式进行客户管理。关键业务指企业为提供价值主张、维护客户关系所进行的产品或服务的生产活动等，一般具有较强的行业差异性。核心资源指企业能用于开展关键业务，并区别于其他竞争对手的各类资源，可包括实体资产、金融资产、知识资产或人力资源等。盈利模式指企业经营中所有涉及财务的相关内容，包括成本结构、收入结构、收支方式等。合作伙伴指企业与重要的利益相关者之间建立起的合作关系网络。

结合商业模式的六大构成要素，分析商业模式的主要影响因素，主要包括技术创新、消费需求、高层管理、组织学习、行业竞争、政策法规等内容。

二、商业模式画布的广泛使用

商业模式通过对企业经营行为的抽象化描述去分析商业行为本质，经历了概念化、要素化和模型化表述阶段。到目前为止，商业模式的经典模型包括哈梅尔（Hamel）的桥接模型、奥斯特瓦德（Osterwalder）和皮尼厄（Pigneur）的商业模式画布模型、约翰逊（Johnson）和克里斯坦森（Christenson）的四要素模型、谢弗（Shafer）的核心逻辑模型、蒂斯（Teece）的环状逻辑模型等。其中，奥斯特瓦德和皮尼厄的商业模式画布模型，因其内容全面、结构清晰，而得到广泛使用。

2004 年，奥斯特瓦德和皮尼厄提出了商业模式画布（Business Model Canvas）这一概念，从客户、提供物、基础设施和财务的四个维度分析九个构成要素及其相互关系。其中，客户维度包括客户细分、客户关系、渠道通路等；提供物维度主要包括价值主张；基础设施维度包括核心资源、关键活动、重要伙伴等；财务维度包括成本结构、收入来源等。商业模式画布的构成要素及相关关系参见图 7-1 商业模式画布示意图。

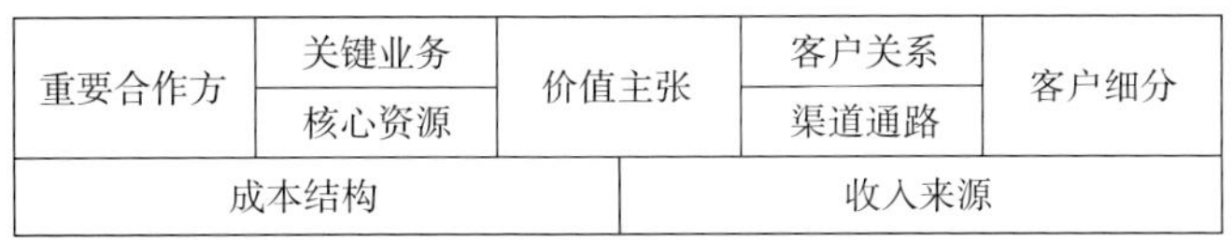
<table>
<tr><td rowspan="2">重要合作方</td><td>关键业务</td><td rowspan="2" colspan="2">价值主张</td><td>客户关系</td><td rowspan="2">客户细分</td></tr>
<tr><td>核心资源</td><td>渠道通路</td></tr>
<tr><td colspan="3">成本结构</td><td colspan="3">收入来源</td></tr>
</table>

图 7-1　商业模式画布示意图

商业模式画布最典型的优势在于其全面性和直观性。相比较其他商业模式分析工具或模型，商业模式画布的内容覆盖企业经营的各个方面，涉及企业提供的产品或服务、体现的价值主张、与战略相关的核心资源与外部伙伴、收益方式等。并且，能在一张表格中直观展现各构成要素的相互关系，有助于中小企业或转型中的企业进行经营现状的简单梳理。因而，对于创业企业的商业计划书，往往采用商业模式画布进行经营活动的简单阐述。

当然，商业模式画布仅是基于静态信息的梳理，未强调各要素间的互动关系及外界对各要素的动态影响，在实际使用时须辅助其他动态分析工具。

三、某服装企业的商业模式画布分析

本部分以某服装企业（以下简称 A 企业）为研究对象，通过资料收集、高层访谈，了解其经营现状概况，基于商业模式画布模型，分析其经营现状的不足之处，并加以改进。

（一）A 企业概况

A 企业为我国大型国有服装企业集团的全资子公司，其主要产品为男士西服及男士西服面料。该企业目前有独立品牌、自营生产线、销售渠道等资源，市场定位于中高端客户群体，市场认可度较高。

（二）A 企业经营环境

主要从我国男士西服及西服面料的消费市场变化，分析 A 企业所处的经营环境变化。

（1）我国男士西服行业，经历单一产品生产、品牌化升级，向定制化迈进。我国男装行业经历改革开放前较单一的军装、中山装后，20 世纪八九十年代出现大量西服制造厂商；20 世纪末西服产品品牌化改进后，涌现出行业知名品牌厂商，占据市场主体；21 世纪初，消费升级、消费者个性化需求增强，西服定制产品的市场份额增加，诸多知名厂商纷纷开展西服定制业务，甚至转型为西服定制厂家。

（2）我国西服定制市场，即将进入迅速扩张阶段。男士西服市场呈现出套装西服销量下降、个性化定制产品需求增加的显著趋势。西服定制市场的主要产品类型包括批量套号生产的成衣定制产品、基于成衣再修改的半定制产品，以及单量单裁的全定制产品等，各类产品子市场均具有广阔发展前景。

（3）我国西服面料供应市场，国内企业份额增加。我国西服面料来源，早期以香港等地直接进口国外产品的面料洋行为主，后国外品牌直接进入市场。直至 2004 年赤峰毛业引进国外先进生产工艺，成为国内首家提供高品质西服面料厂商，国内企业开始崭露头角。近十多年，出现国内同类面料供应企业，国内企业市场份额增加。在西装高端面料市场，国外知名品牌仍占主导地位，但赤峰毛业的高性价比产品已获市场认可。

（三）A 企业商业模式画布分析

基于 A 企业现有资源状况及外部环境变化，采用商业模式画布模式，进行企业经营状况分析，并绘制改进后的商业模式画布。

1. 客户细分（Customer Segments，CS）

企业按照某些标准将客户进行归类，同类内客户需求基本相同，从而可以进行采用相同的经营管理手段。当然，这里指的细分后的客户群体，也是商家认定的客户群，即目标客户群。在其他构成元素内会体现市场定位。因此，此构成要素主要体现营销管理的 STP 策略内容。

A 企业原有客户细分已经很明确，以成衣定制为主，专业定制店也有，但数量不多。由于客户定制化需求日益明显，消费者对于专业定制需求直接导致专业定制店的大量涌现，且成熟品牌成衣制造企业的自加工能力增强或外单协作竞争激烈，因而应调整专业定制店与成衣定制的客户比例，改为扩大与以专业定制店的合作为主。同时，由于独立设计师也具有较大的市场潜力，但其面料具有小批量、高质量的要求，可将这部分客户作为未来培育重点。

A 企业调整后的客户细分，将目标客户界定为三类：一是老字号专业定制店，二是品牌服装企业定制事业部，三是独立设计师店。

2. 价值主张（Value Propositions，VP）或核心价值（Key Value，KV）

企业的价值主张或核心价值，指企业为提供相关产品或服务的经营全流程中所坚持的企业定位或提供的核心价值。其内容与战略的目标体系略有不同，更多倾向于蓝图展示、经营理念阐述等。此构成元素主要体现战略管理的企业愿景使命与目标的内容。

A 企业一直坚持提高产品质量优先，积极引进国内外先进生产设备和工艺技术。

但随着行业竞争的日益加剧，企业须进行核心价值的提升与增强。

A 企业调整后的价值主张，将为客户提供四个核心价值：一是通过国内外资源整合，为客户提供高性价比的产品；二是通过信息系统建设，提高快速反应能力；三是提供面料定制服务，满足客户个性化需求；四是精准营销，高效与市场对接。

3. 渠道通路（Channels，CH）

企业将体现自己价值主张或核心价值的产品或服务，通过渠道通路，交付至消费者手中，本质上是价值实现的过程。此构成要素为营销管理的分销渠道管理内容。

A 企业原有渠道通路主要以传统的人员推销为主。但自媒体时代的出现、移动端用户的激增，都导致以定制为主要客户的企业必须加强对新媒体的利用。

A 企业的渠道通路，经过调整后扩展为主要有五种形式：一是专职推销人员直接向客户推销；二是利用专业展会大量推广；三是对买手店和设计师店进行精准推广；四是利用新媒体满足客户信息偏好；五是参与服装定制专业论坛推广产品。

4. 客户关系（Customer Relationships，CR）

企业对于原有客户的维护、新客户的开拓，是价值实现的关键内容。此构成要素主要是客户关系管理内容。

A 企业原有客户关系管理，主要集中于对大客户进行的售后服务管理。随着客户类型的增加、渠道通路的多样，A 企业的客户管理关系也须进行调整。

A 企业的客户管理进过调整后，主要包括三种方式：一是提供一对一的专业服务；二是提供自助服务系统，保证客户能够自助下单、收货；三是与客户共同创造价值，实现共赢。

5. 核心资源（Key Resources，KR）

企业与其竞争对手相比，具有的独特的、不易模仿的核心能力，是可以保证其可持续发展的关键。此构成要素主要涉及战略管理的核心资源或核心能力的相关内容。

A 企业由于具有早起进行了较大规模的技术设备更新，并与国外先进工艺企业合作，因而技术优势一直是其核心资源。但随着市场及销售对盈利的影响程度的增强，也须增加其核心资源的内容。

A 企业经过调整后，核心资源包括四方面：一是国内外具备技术或生产优势的各种面料供应资源；二是快速响应市场的弹性生产管理技术；三是通过控制成本和有效的订单管理，保证持续提供高性价比产品；四是丰富的行业关系与专业的销售团队。

6. 关键业务（Key Activities，KA）

对于价值主张、客户细分、核心资源等内容的实现，识别企业经营中的关键业务或需要调整的重点业务，可避免资源的过渡分散。此构成要素为价值链管理的基本业务内容。

A 企业以往关键业务主要集中于面料产品研发，忽略市场开拓。这也是经营重点的调整。

A 企业经过调整后，关键业务有四方面：一是开发高性价比的产品；二是利用 APP 或搜索引擎开发市场；三是建立信息管理系统；四是提供一对一服务，维护客户关系。

7. 重要合作（Key Partnerships，KP）

在当前创新知识极度分散、跨专业领域众多的大趋势下，一般企业很难具备进行关键业务的所有资源或能力，因而充分利用外界资源，与重要合作方建立紧密联系，是企业提升创新效率的主要方式。此构成要素主要涉及战略的联盟与合作内容。

A 企业一直关注与国内外领先同行的合作。未来将在核心资源及关键业务方面，进一步加强合作。

经过调整后，A 企业的重要合作方包括国外的技术合作方、面料供应方、专业物流供应商和信息系统开发商等，以管理外部资源，形成稳定的合作团队。

8. 盈利模式，包括收入来源（Revenue Streams，Rs）与成本结构（Cost Structure，CS）

企业经营中的主要投入领域是企业进行成本控制的关键。而采用不同的盈利模式可为企业带来明显差异的收入。

经过调整后，A 企业的项目成本主要包括面料购置成本、信息系统开发成本、销售人员薪酬、仓储物流成本和其他管理成本。收入主要来源于面料的销售收入。

以上内容，即为 A 企业基于商业模式画布模型进行的经营业务调整的基本情况分析（图 7-2）。

<table>
<tr>
<td rowspan="2">重要合作KP
技术合作方
赤峰毛纺
专业物流供应商
信息系统开发商</td>
<td>关键业务KA
开发高性价比的产品
利用新技术开发市场
信息与物流管理系统</td>
<td rowspan="2">核心价值KV
高性价比的产品
快速反应
面料定制服务
精准营销</td>
<td>客户关系CR
专业服务
自动化服务
与客户共同创造</td>
<td rowspan="2">目标客户CS
专业定制店
品牌服装企业定制事业部
独立设计师店</td>
</tr>
<tr>
<td>核心资源KR
国内外面料供应资源
弹性生产管理技术
持续高性价比的能力
行业关系与销售团队</td>
<td>渠道通路CH
人员推广
展会
时尚买手店
新媒体平台
相关论坛</td>
</tr>
<tr>
<td colspan="3">成本结构CS
面料购置成本
信息系统开发成本
销售人员薪酬
物流成本</td>
<td colspan="2">收入来源RS
销售收入</td>
</tr>
</table>

图 7-2　A 企业商业模式画布的改进设想

四、结论

商业模式画布，是一种对企业现有经营状况进行梳理的实践型工具，易于理解，应用简便。从内容表现形式上看，商业模式画布并不高深，但其涵盖内容全面，逻辑清晰，是进行企业商业模式分析的最有效工具之一。

（马琳）

参考文献

[1] 亚历山大·奥斯特瓦德，伊夫·皮尼厄．商业模式新生代（经典重译版）[M]．黄涛，郁婧，译．北京：机械工业出版社，2016.

[2] 宁连举．互联网商业模式[M]．北京：中央广播电视大学出版社，2016.

第八章
自主服装品牌运营模式

服装产业作为产业中的一大门类，在整个产业中占有重要地位。本文基于目前我国服装品牌格局，梳理了中国服装品牌发展历程，分析了服装品牌格局，以及服装自主品牌的发展态势，并探讨了我国服装品牌的转型升级，为国内服装品牌发展提出了一些参考思路。

一、服装品牌发展历程

服装品牌的发展，有其共同的规律，不论意大利、美国还是法国品牌。从服装行业上中下游价值链划分的角度看，中国服装的品牌发展经历了这样几个阶段：OEM 生产阶段、制造商品牌阶段、商业品牌阶段、零售商品牌阶段（表 8-1）。

（一）OEM 生产阶段

OEM（Original Equipment Manufacturer，原始设备制造厂商）生产阶段是我国品牌发展的启蒙阶段。20 世纪 80 年代中期，来样加工贸易兴起，OEM 成为中国纺织服装企业最初主要采取的经营模式。OEM 的本质是通过大规模的加工贸易来获取稳定收入。此时国内尚无品牌和时尚的意识。

（二）制造商品牌阶段

中国第一批服装品牌是做 OEM 起家的浙江品牌，如：雅戈尔、杉杉、报喜鸟等。品牌的诞生建立在制造业的基础上，故称为制造商品牌。它们前身是服装制造厂，在与国际化服装品牌的合作过程中，通过引进制造技术和管理方法，在加工品质、生产规模等方面取得了相对的产业优势，成为优秀的服装加工企业。制造商品牌拥有大的生产基地和很强的生产加工能力，这一点与意大利诸多品牌发展的轨迹不谋而合，如 Zegna。

同时，在这一阶段服装企业都以单品崛起，此阶段企业多以需求为导向，品牌概念还比较模糊。

（三）商业品牌阶段

20 世纪 90 年代崛起的福建男装品牌大部分没有强大的加工能力，通过弱化生产环节，抓住产业链附加值较高的设计和销售环节的方式取得了迅速发展。福建的男装，分布于泉州、厦门、莆田、福州等沿海城市，主要集中于闽南，代表了中国中档商务休闲装的整体实力，并形成了七匹狼、利郎、劲霸、柒牌、九牧王、才子、与狼共舞、虎都八大男装品牌。中国男装的发展进入了商业品牌阶段。如果说制造商品牌就像一个橄榄形，橄榄的中间部分是巨大的生产能力，那商业品牌则是哑铃形，上游环节包括资金能力、设计研发能力、品牌包装能力等具有明显优势，生产环节弱化，下游的销售网络、渠道建设能力强。国外也有很多典型的商业品牌，如 PVH。

（四）零售商品牌阶段

目前，中国的制造商品牌和商业品牌已经走到了转型期，正悄然向零售商品牌迈进。这是一种从服装的设计制造开始，到销售终端完全由自己的企业执行，在价值链上高度垂直统一的经营模式，也被称为 SPA（Speciality Store Retailer of Private Label Apparel）模式。SPA 模式是美国休闲品牌 GAP 公司在 20 世纪 80 年代后期为了说明公司的新商业模式而创造出来的新词。随着商业品牌对销售终端的把控日益加强，服装产业链的中游和下游业态结构重组，零售商品牌阶段渐成气候。目前国际服装企业中的后起之秀如 Zara、H&M 等都是零售商品牌的主要代表，国内以美特斯邦威、森马等为代表。

表 8–1 中国男装品牌发展阶段

内容	OEM 生产阶段	制造商品牌阶段	商业品牌阶段	零售商品牌阶段
时间阶段	20 世纪 80 年代中后期	20 世纪 90 年代	20 世纪 90 年代末到 21 世纪初	21 世纪至今
兴起的时代背景	三来一补加工贸易兴起	商务活动增多，传统正装（西服、衬衫）需求增多	消费观念从商业回归家庭，休闲风盛行	需求多样化，消费彰显个性和价值观，时尚变化迅速
价值链划分	中国服装企业的原始积累阶段	价值链中游，生产制造	价值链上下游：设计研发、销售营运	设计研发、生产制造、销售运营完全由有一个企业完成，价值链上高度垂直统一

续表

内容	OEM 生产阶段	制造商品牌阶段	商业品牌阶段	零售商品牌阶段
品牌的核心竞争力	低廉的成本和劳动力	在产品品质、生产规模方面有相对优势	产品开发设计能力、市场网络管理能力	整合产业上下游资源的能力
代表品牌	众多无品牌服装加工厂	Zegna	PVH	Gap、ZARA、H&M、UNIQLO、阿仕顿

（资料来源：陶娜，中国男装品牌发展模式研究，《时代金融》2011 年第 11 期中旬刊）

二、服装品牌格局

（一）金字塔格局

全球及中国的服装品牌已形成一个五级金字塔格局，以男装为例（图 8-1）。

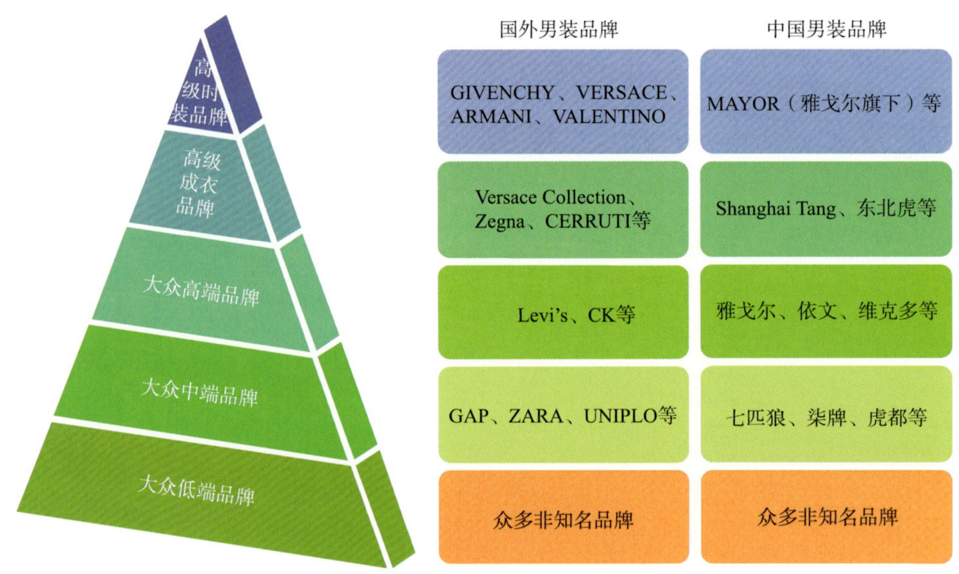

图 8-1　男装品牌五级金字塔格局

经法国高级时装协会认定的高级时装品牌依然掌握在如 GIVENCHY、VERSACE、ARMANI、VALENTINO 等顶级国外服装品牌手中，虽然目前没有任何一个中国设计师、服装店及其品牌被纳入高级时装品牌中，但中国服装高级时装品牌在不断向顶峰攀登，如 2012 年中国服装股份有限公司创立的第一个中国高级定制男装品牌“社稷”，由杰尼亚亚洲区设计总监弗朗西斯科·菲奥德尔（Francesco Fiordell）担任首席设计师，旨在打造中国男装自主品牌的高级定制顶级风范。

国外服装成衣品牌全球化运营成熟，而中国服装高级成衣品牌数量少，国际影响力有限。创立于香港并融合复兴中式传统和时代流行的第一个中国奢侈品品牌——上海滩（Shanghai Tang）是目前唯一一个足迹遍布上海、纽约、巴黎、伦敦、东京、马德里等国际化大都市的中国品牌（此品牌 2000 年被瑞士历峰集团收购）。

中国服装大众品牌从高到低品牌众多，同时受到国外服装品牌的冲击，竞争激烈。

（二）类别格局

以男装为例，男装中国服装业中发展最为成熟的一个子行业，也是中国竞争最为激烈的行业之一，中国男装品牌经过多年的发展和积淀，在正装、商务休闲、一般休闲、运动户外男装风格上已形成全品类的品牌格局（表 8-2）。从地域上看，中国男装集散地众多，浙江、广东、福建、江苏、上海、北京等都是男装强省，但品牌男装主要集中在浙江、江苏、福建和广东四地，形成了鼎立的格局。以雅戈尔、杉杉、罗蒙、报喜鸟、波司登等品牌为代表的江浙地区，主打正装风格；以七匹狼、劲霸、九牧王、柒牌等为代表的福建地区，主打商务休闲和运动风格，中国男装行业区域特征显著。

表 8-2　男装品牌类别格局

类别	国外男装品牌	中国男装品牌
正装类	GIVENCH、VERSACE、VALENTINO、ARMANI、Zegna、DUNHILL、HUGO BOSS 等	雅戈尔、杉杉、罗蒙、报喜鸟、培罗成、法派、太子龙、洛兹、夏蒙、步森、乔治白等
商务休闲类	BUBBERRY、Aquascutum、Polo Ralph Lauren、GANT、TOMMY HILFIGER、J.crew、BANANA REPUBLIC 等	七匹狼、才子、劲霸、九牧王、柒牌、虎都、利郎、与狼共舞、海澜之家等
一般休闲类	Levi's、Dickies、GAP、PAUL FRANK、NAUTICA、GUESS 等	美特斯邦威、太子龙、虎都、与狼共舞、GXG 等
运动户外类	Le Coq Sportif、Kappa、Nike、adidas、DECATHLON、THE NORTH FACE、Columbia、Timberland	李宁、361°、匹克、安踏、鸿星尔克、贵人鸟、乔丹、德尔惠、探路者、凯乐石等

三、服装自主品牌发展

经过 40 年改革开放，我国服装业快速发展，不仅形成了大纺织的工业布局，形成了世界最完备的全球产业链，形成了一大批以纺织服装为核心的产业集群和专业市场，还形成了本土自主品牌与外来的国际品牌争奇斗艳的繁荣景象。

（一）本土自主品牌快速成长

改革开放后，我国通过利用外资和引进技术极大地发展了服装业的生产力，同时国外品牌陆续进入中国市场，打破了长期以来服装缺少竞争的局面，企业开始以消费者为中心，实行以销定产，以质取胜的经营模式，为了适应市场，赢得竞争，本土服装品牌如雨后春笋迅速成长。

本土服装自主品牌成长具有“多”“快”的特点。“多”就是服装知名的自主品牌数以百计，2017 年我国服装制造业规模以上数达到 15825 家[1]，此外，在流通中的服装企业也有自有品牌。目前，国内已形成了以不同地域为代表的服装流派，原先只以几家或十几家女装品牌为代表，现在已经形成了女装、男装、童装众多系列协同发展的品牌群（表 8-3）。

表 8-3　代表不同地域（流派）的服装品牌

流派	代表地域	主要代表品牌
粤派	广东	欧时力、天意、玛丝菲尔、歌力思、歌莉娅、例外、李宁、安奈儿、小猪班纳等
京派	北京	白领、朗姿、玫而美滕氏、依文、顺美、雷蒙、爱慕、探路者、派克兰帝等
汉派	武汉	红人、太和、佐尔美、猫人、元田、子岩、福田、盒荣、康丽、爱帝等
海派	上海	斯尔丽、贝拉维拉、拉夏贝尔、亦谷、马克·华菲、三枪、恒源祥、北极绒、宜而爽、春竹等
杭派	杭州	江南布衣、三彩、秋水伊人、杉杉、雅戈尔、罗蒙、法派、报喜鸟、庄吉、欧维、红袖、步森、玖姿、珍贝、雅莹、太平鸟、吉木夕羊等
闵派	福建	九牧王、七匹狼、利郎、虎都、匹克、安踏、361°、杰米熊、劲霸、香影等

❶ 数据来自国家统计局。

续表

流派	代表地域	主要代表品牌
苏派	江苏	康博、红豆、雅鹿、波司登、雪中飞、安莉芳、海澜之家、千仞岗、晨风等

“快”是本土自主服装品牌成长快，很多服装品牌成长为全面百强品牌。2015 年由人民日报人民论坛杂志社主持发布的全国自主品牌发展报告中，其中波司登、鄂尔多斯、李宁、雅戈尔、依文、九牧王、七匹狼 7 个服装品牌入选。继而波司登、无用、安踏、恒源祥、鄂尔多斯、李宁、雅戈尔、柒牌、靓诺派、红豆入选“2016 年中国自主品牌百佳企业”，其中波司登、鄂尔多斯、李宁、雅戈尔 4 个品牌连续上榜。此外，在世界品牌实验室 2018 年（第十五届）“中国品牌年度大奖”中，鄂尔多斯位列第 14 名，波司登位列第 34 名。雅戈尔、劲霸、海澜之家、七匹狼、柒牌、杉杉、雅鹿、罗蒙、杰克·琼斯、虎都则被评为“2018 年《中国十大影响力男装品牌》”。

（二）设计师品牌风生水起

从 20 世纪 90 年代创立的“马羚”时装和张肇达的“MARK CHEUNG”品牌，是中国最早的女装设计师品牌，也标志着中国服装设计师品牌的诞生。从 1997 年中国国际时装周的创办开始，每年均会评出“金顶针奖”和“中国十佳服装设计师”两个奖项，进而发掘出更多才华横溢的设计师，为中国独立设计师品牌开启了新时期。2000～2003 年是中国新锐设计师品牌的孕育期。谢峰在 2000 年创立的“Jefen by Frankie（吉芬）”在国内市场站稳脚跟的同时，创造了年销售额 2 亿元的业绩；王一扬在 2002 年创立的“素然”也创造了上亿元年销售额的业绩。经过十多年时间的磨砺，一些代表品牌经营正在走向成熟。同时中国设计师及他们创立的设计师品牌也开始登上国际舞台，已经引起了国际时尚界的关注。2006 年 10 月 1 日，中国时装设计师谢峰和其品牌“吉芬”在 2007 春夏巴黎时装周发布“门”。这是巴黎时装周首次接纳中国设计师和品牌进入正式发布名单。2007 年 2 月，马可携“无用”品牌在巴黎时装周发布。2008 年 7 月 3 日，马可的“无用”以“奢侈的清贫”演出“为巴黎高级时装周画上了句号”。顺应时势，2004～2009 年中国新锐设计师品牌进入发展期。倡导个性自由与设计创新的新一代设计师代表有 UMA WANG、FAKENATOO、CHICTOPIA、CHIZHANG 等，他们借助新兴集成店、买手店、时装周和互联网平台进行推广，催生出一批中国新生代独立设计师品牌。2010 年至今，随着电子商务的兴起，大大降低了服装行业的进入壁垒，网络服装设计师品牌也借助网络平台如火如荼的发展起来。截至 2019 年 2 月，根据中国时尚品牌网品牌库收录的设计师服装品牌已有 888 个（表 8-4）。

表 8-4　国内男装设计师品牌一览表

类型	代表品牌	特点
线下男装设计师品牌	Cabbeen、MARK FAIRWHALE、速写、DECOSTER、ZUOAN、Three Soeiety 等	以传统的营销方式（直营、加盟、代理商、商场代销）为主，一些品牌已经具有一定的规模和影响力。
网络男装设计师品牌	非池中、ZIGU、ALLIN、PINLI 等	以网络营销为主，属于中小品牌，影响力有限

（三）快时尚品牌持续渗透市场

起源于欧美的“快时尚”服装零售模式最早由日本品牌 UNQIO（优衣库）于 2002 年引入中国本土，随后在 2006 年和 2007 年西班牙的 ZARA、瑞典的 H&M 以及荷兰的 C&A 等快时尚品牌纷纷挺进中国市场，并取得了突飞猛进的发展。据赢商网不完全统计，2018 年，包括 H&M、ZARA、UNIQLO（优衣库）、MJstyle、MUJI（无印良品）、NEW LOOK、UR、C&A、Forever 21、GAP 在内的十大快时尚品牌在内地总共新增 264 家门店（不含升级重开门店）[1]。其中，根据 UNQIO 中国官网显示，截至 2018 年 10 月 1 日，UNIQLO 已在中国内地开店 655 家。国外快时尚品牌实体店也从一线城市转战二、三线城市，从中心商圈转向社区型商圈，销售渠道从仅有实体店转向线下和线上双驱动的零售模式，已渗透中国市场。

中国快时尚品牌在面临国外同类品牌的巨大市场压力下，一直在寻求突破。2003 年诞生于中国江苏的快时尚男装品牌阿仕顿（ARTSDON），引进国际先进的 SPA 模式，为追求高品质、高性价比男装消费者提供了一站式的体验式服务。截至 2014 年年底，阿仕顿已进入 9 个省份 65 个城市，开店 398 间。2014 年影星黄晓明牵手阿仕顿，成为代言中国首位“快时尚先生”。2012 年 MJstyle 品牌创立，现于上海、北京、广州、香港等国内外城市开设近 500 家店铺。2018 年 6 月 28 日 MJstyle 海外店于日本东京都千叶县永旺幕张新都心盛大开业。作为轻时尚的领军品牌，MJstyle 致力于打造每个人轻松拥有的时尚。MJstyle 将时尚度、品质、价格三者完美平衡，为消费者提

[1] 卢致珍．要凉？十大快时尚品牌 2018 年内地开店 264 家，锐减 44%！——2018 年终盘点系列报道，赢商网。

供无与伦比的消费体验。MJstyle 主张的轻时尚让消费者随时随地随心打造属于自己的时尚。

（四）网络原创品牌异军突起

依托于体系日益完善的第三方购物平台，电子商务领域首部法律《电子商务法》正式出台，网络原创品牌也迎来了前所未有的发展机遇。

使用网络购物的用户规模迅猛增长，给网络原创品牌带来了大量的潜在消费群体。截至 2018 年 12 月，我国网民规模达 8.29 亿人，普及率达 59.6%，较 2017 年底提升 3.8 个百分点，全年新增网民 5653 万，我国手机网民规模达 8.17 亿人，网民通过手机接入互联网的比例高达 98.6%。截至 2018 年 12 月，我国网络购物用户规模达 6.10 亿人，年增长率为 14.4%，网民使用率为 73.6%。[1] 而网络购物用户数量的激增直接导致了网络销售额的激增。2018 年，全国网上零售额 90065 亿元，比上年增长 23.9%。[2] 以“天猫双 11 购物狂欢节”为例，当天的成交额从 2013 年的 362 亿元猛增至 2018 年的 2135 亿元。2018 年依托于淘宝网起家的网络原创品牌“韩都衣舍”第五次蝉联互联网服饰品牌冠军。由此可见，网络原创品牌具有旺盛的生命力和销售战斗力。主要网络原创品牌见表 8-5。

表 8-5 主要网络原创品牌

代表品牌	创立时间	品牌风格	价位档次	网络渠道模式
HSTYLE（韩都衣舍旗下）	2006	韩风	中低	平台电商模式
裂帛	2006	自然风、民族风	中低	
茵曼	2008	自然风	中低	
阿卡	2005	民族风	中低	
花笙记	2008	中国风（唐装汉服）	中高	
非池中（裂帛旗下）	2011	中国风	中低	

[1] 数据来自 2018 年 2 月中国互联网络信息中心（CNNIC）发布的《第 43 次中国互联网络发展状况统计报告》。

[2] 数据来自电子商务研究中心。

续表

代表品牌	创立时间	品牌风格	价位档次	网络渠道模式
ZIGU（韩都衣舍旗下）	2014	中国风	中低	平台电商模式
抹茶故事	2003	时尚休闲	中低	
酷衣购	2005	时尚休闲	低	
布衣传说	2006	英伦休闲	中低	
WOOG2005	2009	韩版	低	
衣品天成	2009	时尚休闲	低	
简木男装	2011	英伦休闲	中低	
ALLIN	2011	时尚休闲	中低	
PINLI	2011	英伦休闲	中低	
满速	2012	商务休闲	中低	
凡客诚品	2007	时尚休闲	中低	自营电商模式

（根据相关品牌官网及网络数据整理）

第三方购物平台整体水平的提高为网络原创品牌的发展提供了成长的沃土。首先，整个网络零售市场的格局趋于稳定。随着阿里巴巴、京东在 2014 年的陆续上市，整个市场出现了较为明显的寡头垄断的趋势——2018 上半年天猫及京东分别占据 52.5% 和 31.3% 的 B2C 电商平台市场份额，[1]遥遥领先于同类竞争对手。其次，第三方购物平台的平台水平同步提高。以天猫商城为例，通过优化搜索规则并融入对消费偏好、消费价格区间的考量，便能够为消费者提供更加个性化和精确的搜索结果。故而，经常购买百元左右某类商品的消费者，其搜索结果便不会优先显示千元价格区间的同类商品。规则的优化，为拥有更加精准化细分的新品牌的发展和推广提供了更大的可能。

消费者的网络消费观念的改变也为网络原创品牌的发展吹起了一阵东风。随着经济的发展和国民收入水平的提高，价格优势已不再是唯一吸引、左右消费者决策的因素。品牌喜好、使用体验、其他买家的网络评论等诸多因素综合地影响着消费者的选择。另外，个性化消费趋势的发展同样给网络原创品牌带来了机遇。随着消费者视野的极大开阔，许多消费者开始寻找如何在选购商品和服务的过程中，通过选择的个性化来最大化

[1] 数据来自艾媒网《2018 年中国零售报告》。

地实现自我存在的价值。消费者也越来越需要依靠购物和商品来满足他们实现自我、展示个人生活方式，彰显与众不同的需求。

四、服装品牌转型升级

（一）外向型品牌国际化

品牌国际化可分为内向型国际化和外向型国际化。内向型国际化是指企业在所在国境内，通过进口、购买技术专利、三来一补、国内合资合营、成为外国公司的子公司或分公司等形式将自身融入国际市场，即“引进来”战略。外向型国际化是企业通过产品出口、技术出口、国外合营公司、在国外建子公司、分公司或兼并国外企业等形式，向国外提供产品、技术、资金、人才等要素，实现生产、市场的国际化，即“走出去”战略。内向型国际化是国际化的初级阶段，而外向型国际化是建立国际化企业，进而发展成为跨国公司的必由之路。我国本土服装企业在经历了 20 世纪八九十年代的内向型国际化后，从 21 世纪初开始已经逐步步入外向型国际化阶段，为构建全球生产体系和销售网络，占领世界市场，提升我国服装品牌的整体实力，迈出了重要的一步。众多服装品牌已经开始部署外向型国际化战略，见表 8-6 我国服装企业对外投资一览表。

表 8-6　我国服装企业对外投资一览表

公司名称	本土品牌对外投资情况
雅戈尔集团	2007 年，以 1.2 亿美元收购美国 KWD 旗下的男装业务 Xinma 和 Smart 100% 股权，并获得在菲律宾、斯里兰卡生产基地 2011 年，斥资 400 多万美元收购越南河内的一家衬衫加工厂 2013 年，成立雅戈尔越南天盛纺织联合公司，并在越南宝明工业园建立工厂 2014 年，联手意大利顶级面料品牌 LANIFICIO F. LLI CERRUTI DAL1881 打造高品质定制西服 2014 年，联合香港联泰集团在越南建设面料工业园 2016 年，与意大利 ALBINI、ERMENEGILDO ZEGNA、LORO PIANA、CERRUTI 1881 以及瑞士 ALUMO 五家国际一流品牌企业达成战略合作，致力于挖掘新材料、新面料、新功能的开发潜力，建立有机的产业生态链，共同打造高端成衣和定制品牌 MAYOR
波司登	2008 年，在俄罗斯成立波司登俄罗斯国际公司，主营服装研发、加工生产、销售和物流；在英国开设自营专卖店，销售自主品牌男装

续表

公司名称	本土品牌对外投资情况
波司登	2009 年，收购美国潮（ROCAWEAR）在大中华地区的商标所有权 2011 年，在英国伦敦以 2005 万英镑购入紧邻伦敦西区购物中心牛津街一处物业，开设包括男装和羽绒服在内的四季化产品旗舰店，并设立公司欧洲总部 2012 年，收购英国男装品牌 Greenwoods 96% 的股权 2014 年，在美国曼哈顿联合广场 Rothmans 男装专门店开设波司登品牌游击店（全新移动概念店）；在意大利推出全新欧洲品牌 Bosideng Plus Zero 2015 年，引入世界 500 强战略投资者——日本第三大贸易行伊藤忠商事株式会社
红豆集团有限公司	2007 年，联合四家企业共同打造西哈努克经济特区建设
北京爱慕内衣公司	2009 年，成立爱慕（新加坡）有限公司，并作为东南亚区域总部
古鹿王羊绒公司	2012 年，在马达加斯加设立年产 130 万件的羊绒制品加工厂
即发集团公司	2014 年，成立即发成安（越南）服装有限公司和即发成安（柬埔寨）服装有限公司
迪尚集团公司	2014 年，设立迪尚孟加拉毛衫有限公司和迪尚华蔚柬埔寨服饰有限公司
歌力思	2015 年，收购美国品牌 ED Hamleys 所属公司 65% 股权
山东如意	2016 年，收购法国轻奢服饰集团 SMCP 的控股股权
七匹狼实业股份有限公司	2017 年，投资法国轻奢品牌 KARL LAGERFELD

（资料来源：中国国际商会纺织行业商会，http://www.ccpittex.com.；公司官网等整理）

（二）单一品牌延伸到品牌群

从众多成功的国际服装品牌发展的过程来看，从单一品牌向多系列、多品牌转型是发展过程中的必然。

例如，雅戈尔多年来不断在优化其多品牌布局，以主品牌 YOUNGOR（雅戈尔）的品牌辐射和资源优势为依托，重推 Hart Shaffner Marx，聚焦 MAYOR，发力

HANP，将年轻时尚男装品牌 GY 并入主品牌青商系列，完成了品牌体系的重新梳理。雅戈尔的多品牌布局见表 8-7。

表 8-7　雅戈尔的多品牌布局

品牌	定位	产品线	目标客户群	销售方式
雅戈尔 YOUNGOR	成熟自信、稳重内敛、崇尚品质生活	行政、商务、休闲三大系列。衬衫、西服、西裤、茄克、领带和 T 恤等	30～45 岁的精英男士	独立店 店中店 第三方网络平台
MAYOR	高端男装品牌、卓越管理者的卓越品牌	正装西服	中国领袖人群	高级手工定制
Hart Shaffner Marx （哈特·马克斯）	美式中高端商务休闲品牌（由雅戈尔代理美国品牌）	商务系列和休闲系列。衬衫、T 恤、单西装、马夹	35～50 岁有丰富的历练、较高的文化素养及稳定的收入追求自由、休闲的生活方式，有一定的穿着品位的新富阶层	店中店 第三方网络平台
HANP （汉麻世家）	崇尚本色、自然、简约、个性的设计风格和“自然、健康、艺术、品质”的品牌理念	服饰、家居卫浴两大系列产品	崇尚“低碳生活”人士	店中店 第三方网络平台
CEO	英伦风格，强调自然、舒适、健康的生活理念	男士衬衫	知性商务人士	定制

（资料来源：根据雅戈尔品牌官网整理）

再如，报喜鸟男装也采用了品牌延伸的方式发展多品牌、多系列产品，进一步细分市场。报喜鸟公司旗下有三个大的子品牌：报喜鸟主品牌（SAINTANGELO）、圣捷罗品牌（S.ANGELO）和宝鸟品牌（BONO）（表 8-8）。

表 8-8　报喜鸟的品牌延伸

品牌线 / 品牌	定位	产品线	目标客户群	销售方式
报喜鸟之经典系列	经典系列、顶级男装、品味、精致、高雅	正装、休闲装、皮鞋、女装、内衣、运动	30 岁以上最求品味、精致生活的社会名流及新兴贵族	独立店、店中店
报喜鸟之商务系列	高级男装、高贵、儒雅、精致	正装、休闲装、皮鞋、女装、内衣、运动	30～50 岁的中产阶层（锐意进取、非凡活力、享受生活的成功男士）	独立店、店中店
圣捷罗 S.ANGELO	汇集欧洲时尚元素，汲取东方版型，激情、魅力、自由	正装	25～35 岁追求时尚的中产阶层及新锐人士	独立店铺、直营加盟并重
宝鸟 BONO	高级职业装，时尚、简约、大气	正装	具有统一着装需求的高端商务组织	团购定制

（资料来源：陶娜，中国男装品牌发展模式研究，《时代金融》2011 年第 11 期中旬刊）

（三）发力高端私人定制欲占国内顶级市场

高级定制法语原名 Haute Couture，也称高级时装，属于法国优秀传统服饰文化，诞生于 19 世纪中叶，起源于欧洲古代及近代宫廷贵妇的礼服。严谨的讲，只有经过法国高级时装协会认定的服装设计师、品牌或服装店，才可称为高级定制或高级时装品牌。法国乃至欧洲的服装高级定制经过一百多年的发展，已经达到巅峰时代。目前，法国高级时装公会仅有正式会员（Official Members）：12 个，其中包括 CHANEL、CHRISTIAN DIOR、JEAN PAUL GAULTIER 等，而 VALENTINO、GIORGIO ARMANI 等则是境外会员（Correspondent Members）。此外，公会还有不固定的特邀会员（Guest Members），中国设计师马可、劳伦斯·许、兰玉和殷亦晴都属此列。迄今为止，还没有任何一位中国设计师获得法国高级时装公会颁发的 Haute Couture 资格。如果套用法国高级时装公会标准，中国的“高级定制”只能算“私人订制”。

从前面几个中国知名服装品牌的品牌战略看，都在其品牌下或是多品牌中推出定位于高收入、高阶层人士的高端私人定制系列或品牌，可见中国服装品牌走高级私人定制道路提升品牌价值，是品牌建设的必然。近年来国内服装品牌频频发力高级私人定制（表 8-9）。

表 8-9 国内高级私人定制业务模式比较

品牌	起步时间	定制模式	定制内容	面料选择	定制周期
报喜鸟 CARL BONO	2007 年	量身定制	套西服、单西服、西裤、衬衫	进口面料	3 周
雅戈尔 MAYOR	2010 年	量身定制	套西服、单西服、西裤、衬衫	进口面料	2~3 周
杉杉 SMALTO	2011 年	半量身定制	套西服、单西服、衬衫	进口面料	1~2 周

除此之外，设计师品牌也是高级私人定制的主要力量之一。中国高定设计师郭培 1997 年设计师郭培创办了自己的高级定制品牌——“玫瑰坊”，并且通过自己的努力建立起第一批在中国消费高级定制的顾客群。为彭丽媛设计出访服的马可和其“无用”品牌成为业界的一匹黑马。1995~2013 年获得过中国十佳设计师奖项的设计师一共有 153 位，其中创立服装品牌的有 61 位，这其中有 51 位具有设计师品牌特征。而在这 51 位中具有高级私人定制业务的占到近 1/4，其中主营男装的品牌有 8 个，男女装均有的品牌有 3 个。张志峰（NE.TIGER）、曾凤飞（FENGFEI.Z）、夏姿·陈（SHIATZY CHEN）以及新锐男装设计师周翔宇（XANDER ZHOU）、张驰（CHIZHANG）等品牌，近几年市场反响良好，并被演艺明星等高端消费群体所追捧，稀释了传统服装高级私人定制品牌的业务。

作为全球奢侈品消费首位的中国，无论在服装高级定制标准，产业背景，还是设计师的时尚敏感度和接受度以及教育体制上，中国和欧美都存在着诸多差异和差距。目前我国服装高级定制的发展仍然处于起步发展阶段，没有太多的能力与国外高级定制品牌分庭抗争，但从长远来说高级定制将对国内服装品牌的发展发挥一定的推动作用。

（王涓）

参考文献

[1] 谢少安，范学谦，汪生金，瞿翔. 中国纺织服装自主品牌国际化 [M]. 北京：中国商务出版社，2017.

[2] 唐颖，刘伦伦. 中国独立设计师品牌的发展现状 [J]. 纺织导报，2019 (1): 23-26.
[3] 王晔诚. 中意服装品牌发展沿革比较研究 [D]. 上海：东华大学，2009.
[4] 卢良. 网络原创品牌的设计与营销策略研究 [D]. 武汉：华中科技大学，2015.
[5] 严葭淇. 中国式“高级定制”的困境 [N]. 华夏时报，2014-12-11.
[6] 郑晶. 中国男装高级定制品牌存在的问题与应对策略研究 [J]. 毛纺科技，2015，43 (12): 60-66.

第三篇
调研报告篇

第九章
90 后人群细分及时尚消费行为研究报告

本文通过大样本调研，了解 90 后人群在时尚消费领域的行为和态度概况，及根据重要特征进行的人群细分。通过对央视市场研究股份有限公司（CTR）中国城市居民调查（CNRS-TGI）数据库分析发现，90 后可细分为年轻学生、底层奋斗、中流砥柱三类人群。不同细分人群的结构及消费能力不同，在时尚、泛时尚消费领域呈现不同特点。

一、90 后人群概况

（一）背景信息

1. 超过六成未婚

90 后年龄都在 30 岁以下，他们中的 66.3% 是单身状态，仅 27.2% 建立了自己的小家庭（图 9-1）。

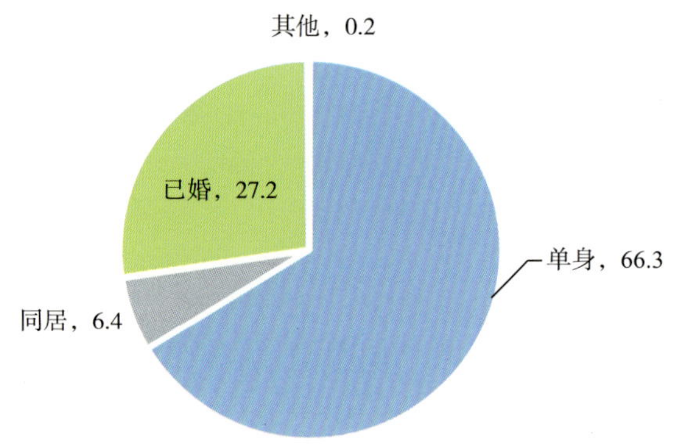

图 9-1　90 后人群婚姻状况 (%)

（数据来源：CNRS-TGI 中国城市居民调查 2017.10～2018.9，60 城市）

2. 八成以上具有高等学历（专科及以上）

90 后人群高等学历者较多，大学本科学历占一半，八成以上拥有高等学历。该群体具有“高知”特质（图 9-2）。

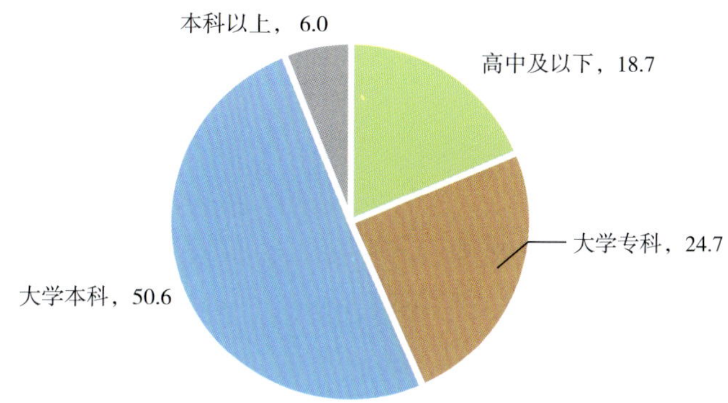

图 9-2 90 后人群学历状况（%）

（数据来源：CNRS-TGI 中国城市居民调查 2017.10～2018.9，60 城市）

3. 近八成拥有全职工作

90 后人群中全职工作占比 76.5%，另有 18.1% 学生。除此之外，还有 3.0% 无工作 / 不工作，没有走上社会（图 9-3）。

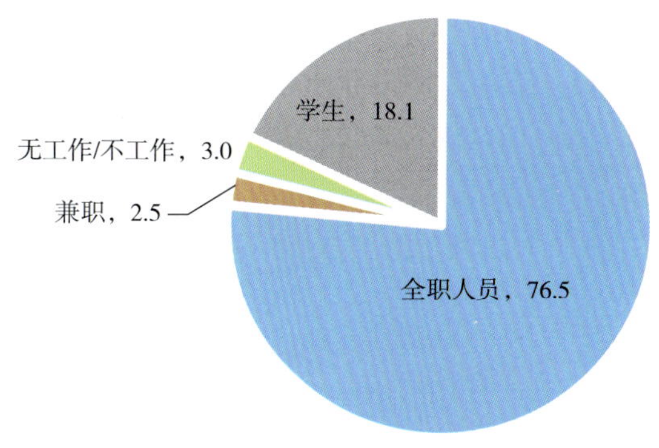

图 9-3 90 后人群工作状况（%）

（数据来源：CNRS-TGI 中国城市居民调查 2017.10～2018.9，60 城市）

4. 家庭月均收入 17314 元，个人月均收入 8113 元

90 后有收入的人群，个人月均收入是 8113 元，仅次于 80 后的 10507 元和 70 后的 9833 元。

90 后人群的家庭月总收入是 17314 元，也就是说，有收入的他们，已经扛起了家庭收入的半壁江山。

（二）生活态度

1. 消费观

（1）喜欢购买新的小玩意和用品，喜欢尝鲜

根据 CNRS-TGI 数据显示，80 后和 90 后是最喜欢购买新的小玩意和用品的群体。他们喜欢购买一些新鲜、有创意的物品（图 9-4）。如 90 后对平衡车的拥有是所有代际人群中最高的（图 9-5）。

这点不仅体现在物品的购买上，他们对新事物的接受程度也是最好的。CBNData 联合二十余家数据源合作伙伴发布《2018 中国互联网消费生态大数据》报告，据服饰租赁平台衣二三数据显示，90 后用户占比达 46%。

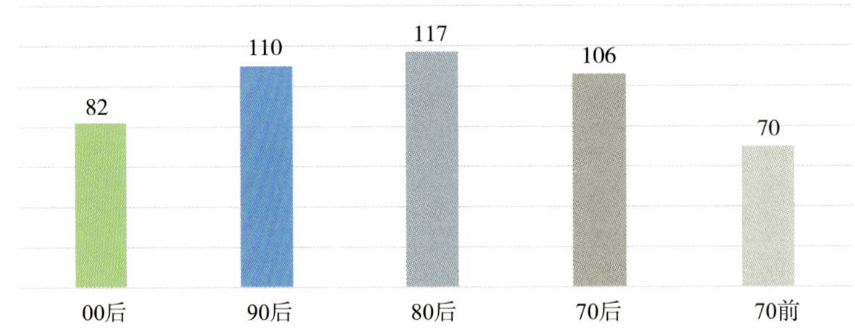

图 9-4　喜欢购买新的小玩意和用品 赞同倾向性（INDEX）
（数据来源：CNRS-TGI 中国城市居民调查 2017.10～2018.9，60 城市）

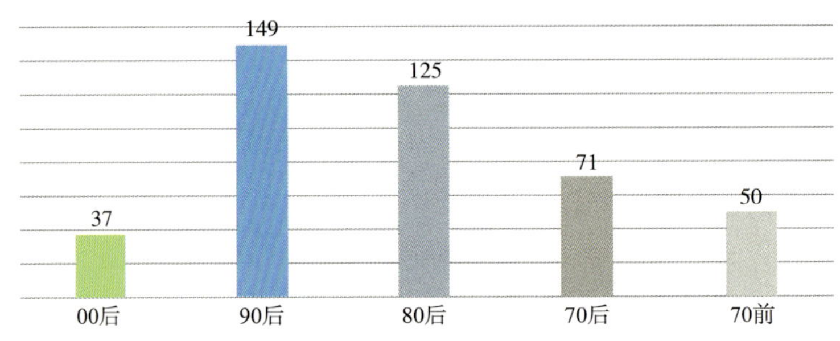

图 9-5　拥有平衡车（INDEX）
（数据来源：CNRS-TGI 中国城市居民调查 2017.10～2018.9，60 城市）

（2）喜欢就要买买买

90 后人群消费观比较随意，他们认为自己“有不经过思考就花钱的习惯”“只要喜欢就要拥有”，且“换新并不以坏了为前提”。喜欢、高兴恐怕是他们购物的最重要的出发点（图 9-6）。

图 9-6　90 后人群对语句的同意程度（INDEX）
（数据来源：CNRS-TGI 中国城市居民调查 2017.10～2018.9，60 城市）

（3）爱买也保有“等打折”的理智，更爱网上大促

对于促销，90 后与 70 后、80 后的态度一致，“等打折”是他们遇到喜欢商品时的小算盘。网上促销活动（如双 11）是 90 后最喜欢的促销方式（图 9-7）。

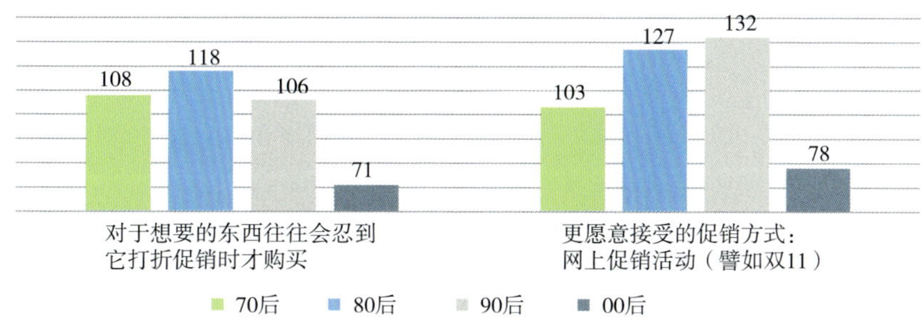

图 9-7　各代际人群对促销相关语句的同意程度（INDEX）
（数据来源：CNRS-TGI 中国城市居民调查 2017.10～2018.9，60 城市）

（4）粉丝经济：名人 / 明星代言会影响 90 后购物决策

CBNData 报告指出，由于年轻消费者更愿意为明星同款支付溢价，明星各品类跨界周边带动了粉丝经济不断升温。90 后尤其喜欢购买明星同款，其中女性贡献了 3/4 的消费。商家尤其运动品牌都顺应趋势，纷纷通过明星合作款来推广产品，以板鞋 / 休闲鞋、跑步鞋和运动 T 恤等品类最为常见，且均呈现出 90 后消费者更愿意为明星同款支付溢价的趋势。

CNRS-TGI 数据同样支持这一观点，90 后对多品类的购买很大程度上都受到名人 / 明星代言的影响（图 9-8）。

2. 理财观

（1）不善理财，不关注储蓄

90 后人群对自己的理财观很清晰，“不擅长理财”“用钱不谨慎”。由此，储蓄对他们来说也变得难以施行（图 9-9）。

图 9-8　90 后人群对购买不同产品时名人 / 明星代言对他们影响最大的同意程度（INDEX）
（数据来源：CNRS-TGI 中国城市居民调查 2017.10～2018.9，60 城市）

图 9-9　90 后人群对语句的同意程度（INDEX）
（数据来源：CNRS-TGI 中国城市居民调查 2017.10～2018.9，60 城市）

（2）信用消费有节制

90 后对“有了信用卡我就能购买一些平日支付不起的东西”的同意程度 INDEX 值是 106，即他们有明显的超前消费意识，信用消费习惯已经养成。

来自支付宝花呗的数据显示，2017 年 11 月到 2018 年 10 月，90 后花呗用户“每月不会将花呗额度用完”的人数占比是 90% 以上。也即 90 后信用消费有节制。

（3）移动支付成日常

90 后对“通常我更喜欢用现金来付账”的同意程度 INDEX 值是 93，即他们不喜欢现金支付，已经养成了移动支付的习惯。

2018 年 12 月 12 日，iiMedia Research（艾媒咨询）权威发布《2018-2019 中国线下零售交易现金与网络支付行为状况调查》。数据显示，三成 90 后基本不带现金，以移动支付为主。另有六成 90 后外出时仍会携带少量现金以备不时之需（图 9-10）。

3. 生活观

（1）主张按照自己的方式生活，喜欢追求变化

90 后不喜欢按部就班的生活方式，不认为尊重传统习俗和观念是非常重要的，同时他们喜欢追求富有挑战和变化的生活（图 9-11）。

（2）家庭观念弱化

90 后从小在呵护中长大，大部分也未组建自己的小家庭，所以他们的家庭观念较

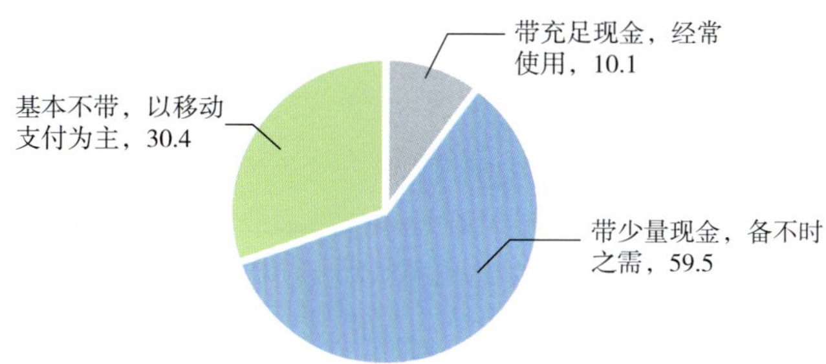

图 9-10　90 后中国受访网民外出携带现金情况调查（%）
（数据来源：iiMedia Research）

图 9-11　90 后人群对语句的同意程度（INDEX）
（数据来源：CNRS-TGI 中国城市居民调查 2017.10～2018.9，60 城市）

为弱化。对于“拥有长久的婚姻关系非常重要”和“我喜欢和家人在一起”，他们持保留态度。相反，对于“为了更好的发展，我愿意牺牲和家人在一起的时间”他们非常认同。

逐步走上社会的他们，更期望在自己喜欢的事情上大展拳脚，而非局限在家庭和婚姻中（图 9-12）。

图 9-12　90 后人群对语句的同意程度（INDEX）
（数据来源：CNRS-TGI 中国城市居民调查 2017.10～2018.9，60 城市）

（3）生活充实，兴趣广泛

90 后私人生活丰富多彩，他们喜欢看电影，对艺术和音乐同意感兴趣（图 9-13）。

图 9-13　90 后人群对语句的同意程度（INDEX）
（数据来源：CNRS-TGI 中国城市居民调查 2017.10～2018.9，60 城市）

（4）更加注重外在的美

90 后关注于自己的外表，如此自我的 90 后也看重别人对其外在的看法。他们不太认同“美丽就是简单和自然”的说法，女性渴望通过化妆增强自信心（图 9-14）。

图 9-14　90 后人群对语句的同意程度（INDEX）
（数据来源：CNRS-TGI 中国城市居民调查 2017.10～2018.9，60 城市）

二、90 后人群对时尚行业的重要性

（一）90 后时尚 icon“带货”能力强

2017 年 8 月，阿里巴巴发布了首个《网红互联网消费影响力榜单》，涉及 50 位网红的互联网消费影响力指数（ICT Index）排名。雪梨（90 后）以综合影响力第一（综合影响力指数 97.9）成为最强带货网红，榜单中另有多名 90 后网红上榜。

2019 年 1 月，淘宝网发布的《2018 淘宝数据报告》显示，年度最带货明星 TOP10 中有两位 90 后进入榜单，分别是迪丽热巴（NO.3）和周冬雨（NO.7）。

国内外娱乐圈鲜肉 / 小花、网红，引领时尚穿搭、妆容，为年轻人“种草”无数。

90 后在时尚界逐渐与 80 后比肩。

（二）90 后奔走在种草—拔草—给他人种草的时尚路上

2018 年 12 月，第一财经商业数据中心（CBNData）连续第三年发布《中国互联网消费生态大数据报告》。报告显示，以 90 后为代表的年轻人更加偏爱直观且互动的营销方式，直播、短视频、社交平台都是年轻人的“种草”好渠道。微博数据显示，90 后更容易被网红博主“安利”。

同时，90 后也愿意与他人分享自己喜好的商品，给他人种草。作为吃穿玩乐买的生活方式分享平台，小红书用户中接近一半都是 90 后年轻人。可见，90 后自己爱种草拔草，也爱给他人安利种草（图 9-15）。

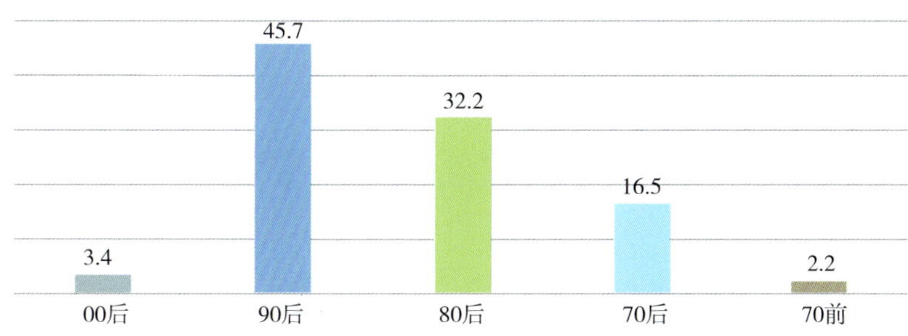

图 9-15 小红书用户（经常访问）人群构成（%）

（数据来源：CNRS-TGI 中国城市居民调查 2017.10～2018.9，60 城市）

（三）90 后追赶时尚潮流，爱尝鲜，外在装扮是他们凸显自我态度的重要方式

80 后对时尚的追随和引领是无可厚非的，但 90 后作为后起之秀，对时尚的认识、意识和贡献都在上升（图 9-16）。

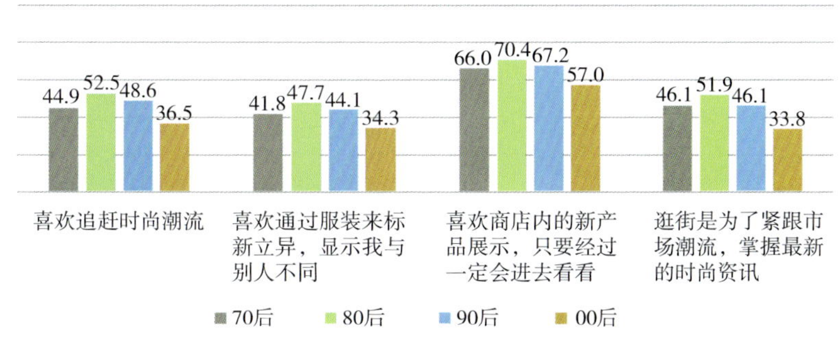

图 9-16 各代际人群对语句的同意程度（%）

（数据来源：CNRS-TGI 中国城市居民调查 2017.10～2018.9，60 城市）

《2018 淘宝数据报告》显示，90 后用户们已经晋升成为淘宝世界的中流砥柱。在淘宝各年龄段用户交易情况上看，来自 90 后的用户，已经成为无可争议也无可取代的消费主力。他们的平均成交金额比 80 后用户超出将近 1/4。这无疑与 90 后们在不断更迭的中国商业社会里日渐重要的话语权相匹配。

（四）国内外品牌对 90 后的“讨好”

鉴于 90 后在中国消费市场上的规模和消费力，各路品牌都瞄准了他们。各大品牌纷纷向 90 后抛出橄榄枝，企图用年轻人热衷的、感到新奇的方式，让他们因为情绪合拍而去喜爱一款产品，如可乐的昵称瓶。或请来吴亦凡、火箭少女、Nine Percent 等当红偶像站台，让粉丝为爱豆买单。

三、90 后人群细分

根据 90 后人群对时尚行业的重要行为特征，进行人群细分。

（一）聚类说明

1. 聚类指标说明

本人最高教育程度、工作状态、家庭月收入、FV 未来视野分群、过去 3 个月去健身房的频率、平均每周去酒吧的频率、“逛街是为了紧跟市场潮流 / 掌握最新的时尚资讯”符合程度、“喜欢追赶时尚潮流”符合程度、“即使价格贵一点，还是喜欢购买国外品牌”符合程度。

2. 人群细分产出

（1）年轻学生。

（2）底层奋斗：主要集中两类人，起点不高（学历、经济状况）艰难打拼、大学刚刚毕业走上社会。

（3）中流砥柱（图 9-17）。

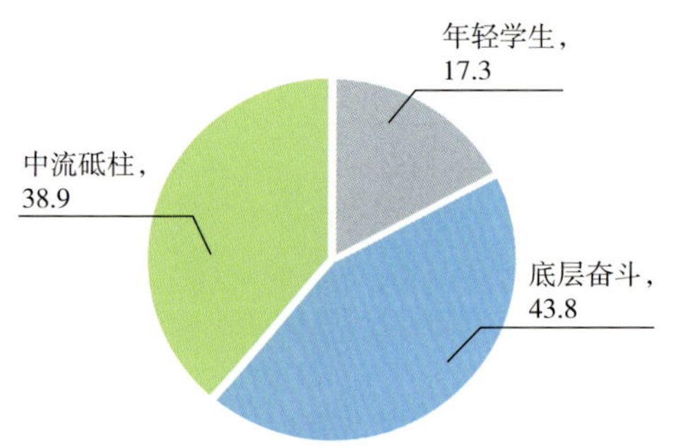

图 9-17 各类人群占比（%）

（数据来源：CNRS-TGI 中国城市居民调查 2017.10～2018.9，60 城市）

（二）各细分人群画像

1. 年轻学生群体

（1）人群特征：

①朝气蓬勃的年轻学生：在此细分人

群中，97.9% 是学生身份，年龄在 19～22 岁占比 86.0%，19～23 岁占比 92.3%，即他们多为在校大学生（含研究生等更高学历）（图 9-18）。

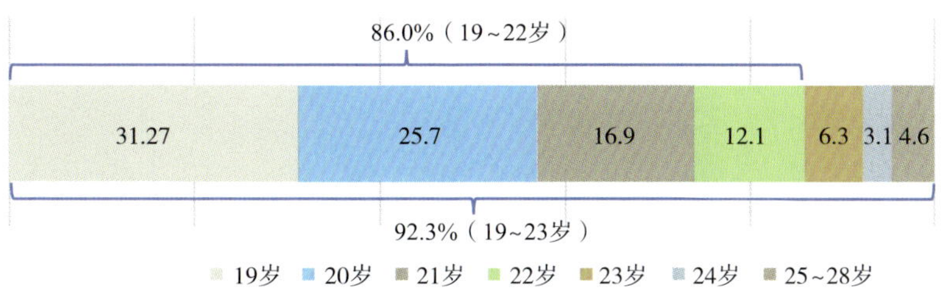

图 9-18　年轻学生人群年龄分布（%）
（数据来源：CNRS-TGI 中国城市居民调查 2017.10～2018.9，60 城市）

②个人消费主要依赖家庭：个人月收入 2087 元，家庭月收入 14178 元。学生身份决定了他们个人收入（兼职等）很低，消费主要依赖家庭。

（2）时尚产品消费：

①时尚观建立以观察为主，处于学习模仿阶段：七成 90 后在意时尚和流行信息，他们了解时尚信息的渠道都是以观察为主。两成以上的 90 后会以“观察街上的人如何穿着”“看商场里面的模特怎么穿”“与朋友聊时尚”“观察商店橱窗”的方式获取时尚信息（图 9-19、图 9-20）。

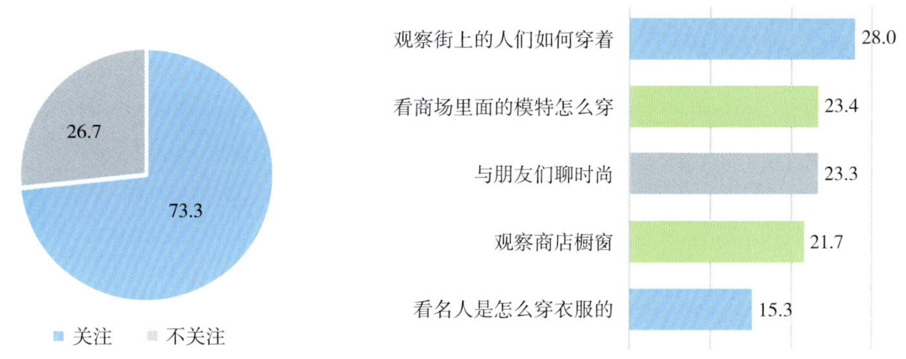

图 9-19　是否关注流行信息（%）　　图 9-20　了解时尚方面信息的渠道 TOP5（%）
（数据来源：CNRS-TGI 中国城市居民调查 2017.10～2018.9，60 城市）

②最常购买休闲与运动服：对于 90 后来说，休闲装是最常购买的服装类型。相较于 90 后总体，运动服、短袖 T 恤与“年轻学生”更相关（图 9-21）。

③最常购买的服装品牌：男性年轻学生人群最常购买的服装品牌是优衣库和海澜之家。相较于 90 后男性总体，优衣库和花花公子是他们更倾向于购买的服装品牌。女性

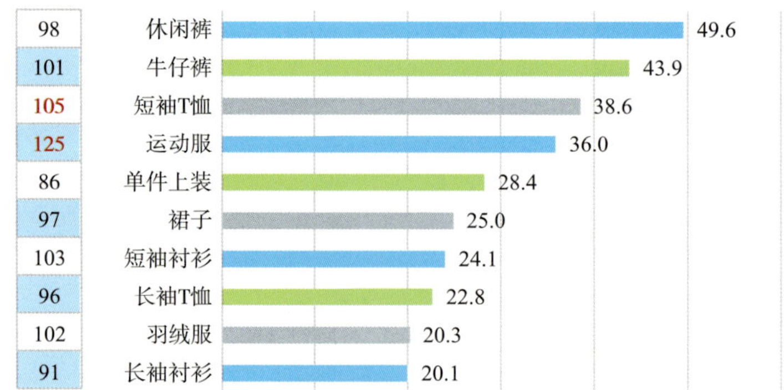

图 9-21 年轻学生人群最常购买的服装类型 TOP10（INDEX/%）
（数据来源：CNRS-TGI 中国城市居民调查 2017.10～2018.9，60 城市）

年轻学生人群最常购买的服装品牌是优衣库。相较于 90 后女性总体，H & M 是她们更倾向于购买的服装品牌（图 9-22、图 9-23）。

图 9-22 男性年轻学生人群最常购买的服装品牌 TOP5（INDEX/%）
（数据来源：CNRS-TGI 中国城市居民调查 2017.10～2018.9，60 城市）

图 9-23 女性年轻学生人群最常购买的服装品牌 TOP5（INDEX/%）
（数据来源：CNRS-TGI 中国城市居民调查 2017.10～2018.9，60 城市）

④女性年轻学生人群彩妆使用率低，男性年轻学生人群护肤比例低：女性年轻学生人群护肤品使用率与 90 后女性总体一致，九成女生都认识到护肤的重要性，养成了护肤的习惯。虽然相较于 90 后女性总体，女性年轻学生人群彩妆使用率更低，但也有一半的年渗透率。虽然相较于 90 后男性总体，男性年轻学生人群护肤品使用率略低，近六成男性学生有护肤意识（图 9-24、图 9-25）。

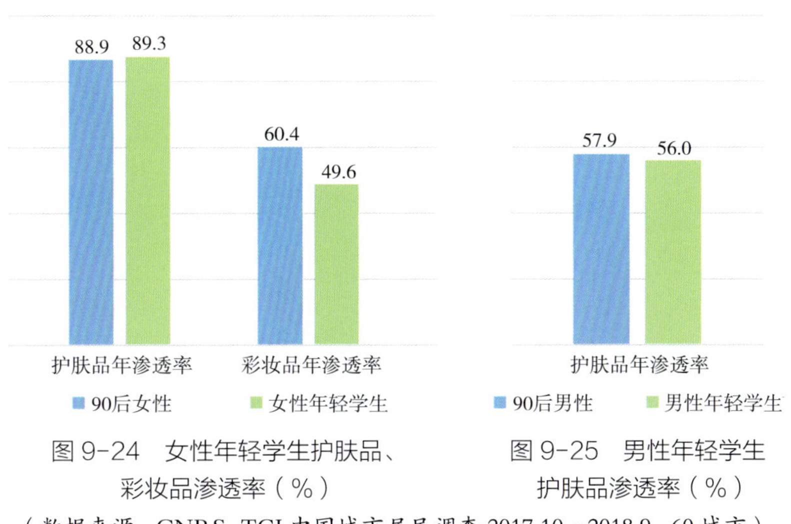

图 9-24 女性年轻学生护肤品、彩妆品渗透率（%）

图 9-25 男性年轻学生护肤品渗透率（%）

（数据来源：CNRS-TGI 中国城市居民调查 2017.10～2018.9，60 城市）

⑤大型超市是最常购买护肤品及彩妆品的渠道：年轻学生人群最常购买护肤品和彩妆品的渠道是大型超市。与 90 后总体相比，年轻学生对互联网、个人护理店、手机 app 商城和网络代购渠道更青睐（图 9-26、图 9-27）。

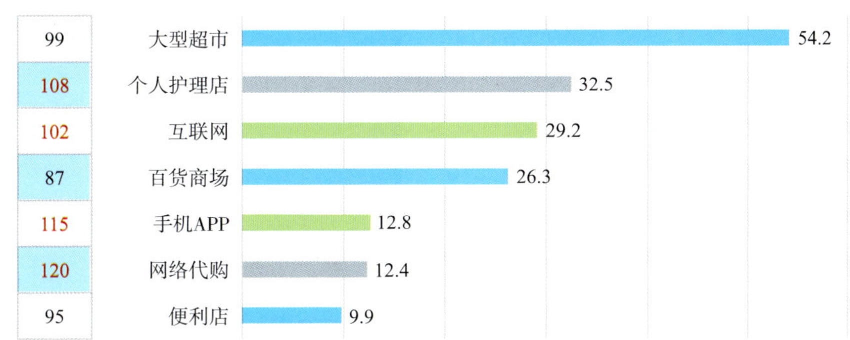

图 9-26 年轻学生人群购买护肤品通常去的地方（INDEX/%）

（数据来源：CNRS-TGI 中国城市居民调查 2017.10～2018.9，60 城市）

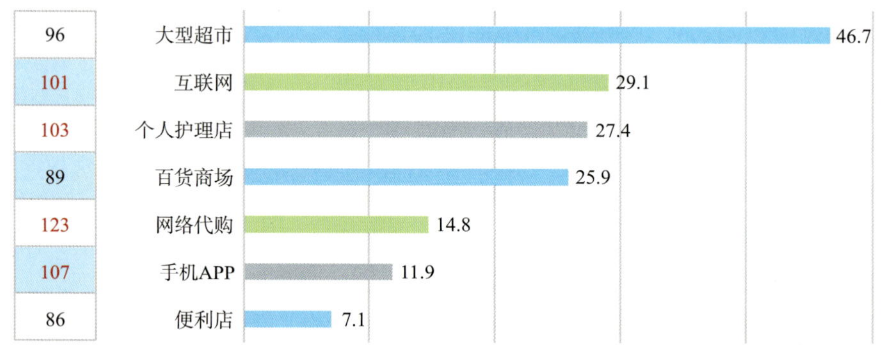

图 9-27 年轻学生人群购买化妆品（彩妆）通常去的地方（INDEX/%）
（数据来源：CNRS-TGI 中国城市居民调查 2017.10～2018.9，60 城市）

（3）泛时尚消费：

①近半购买过进口食品：过去一年，年轻学生中有 47.1% 购买过进口食品。这一比例虽然低于 90 后总体，但仍然较居民总体渗透率高（图 9-28）。

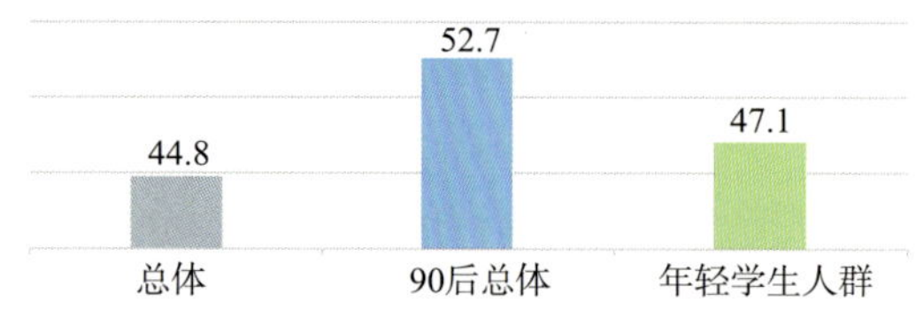

图 9-28 过去 1 年，购买过进口食品的比例（%）
（数据来源：CNRS-TGI 中国城市居民调查 2017.10～2018.9，60 城市）

②周末生活是逛吃：年轻学生人群的周末生活就是逛吃，他们最经常去的是商场和餐厅，其次是电影院和 KTV 等，与 90 后总体人群无异。相比于 90 后总体，年轻学生人群去网吧的倾向更大，这可能与他们的住宿环境和时间分配有关（图 9-29、图 9-30）。

③电影院看电影月渗透率近半：过去四周，年轻学生中有 49.0% 去电影院看过电影。这一比例虽然低于 90 后总体，但仍然较居民总体渗透率高（图 9-31）。

④出行工具的选择覆盖经济和品质之选：碍于年轻学生人群私家车拥有率低，他们日常出行对交通工具的使用更为频繁。过去一个月，50.1% 使用过共享单车，高于 90 后总体人群。另有 32.7% 使用过专车，虽低于 90 后总体，但仍高于城市居民总体。也就是说，年轻学生人群对于交通工具的选择范围较大，经济之选如共享单车，品质之选如专车，都在他们的使用范围之内（图 9-32、图 9-33）。

（4）生活态度：

①“我很担心我自己”：与城市居民总体相比，年轻学生人群在这个指标上的 INDEX 值是 106，也就是说，他们对于自身的焦虑感更强。特别是女生，焦虑感更甚。

②对奢侈品或者说高端品牌有欲望，但由于经济不独立，购买能力受限：他们对奢

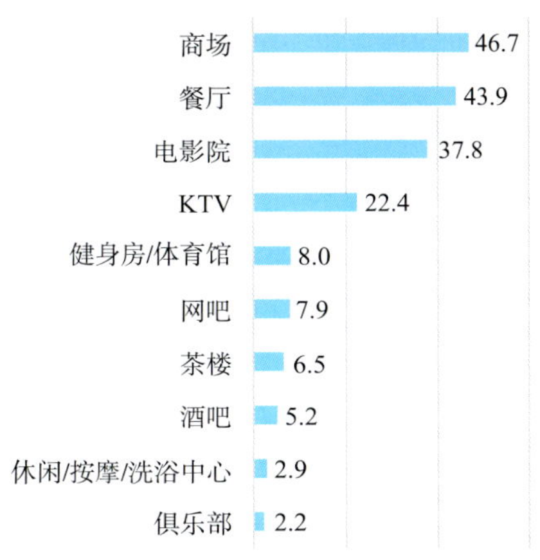

图 9-29 年轻学生人群周末通常去的商业场所（%）

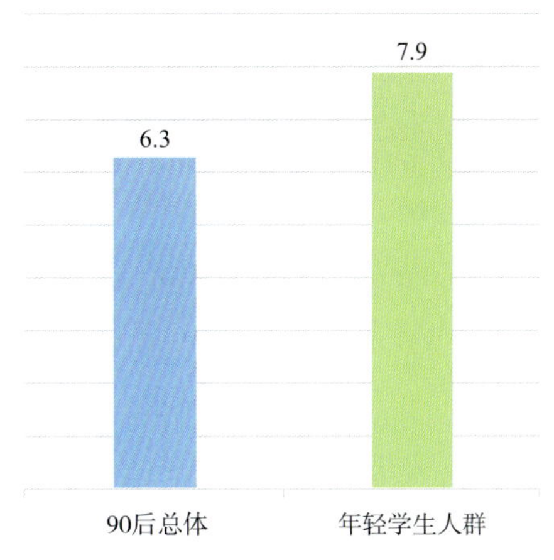

图 9-30 经常去网吧的比例（%）

（数据来源：CNRS-TGI 中国城市居民调查 2017.10～2018.9，60 城市）

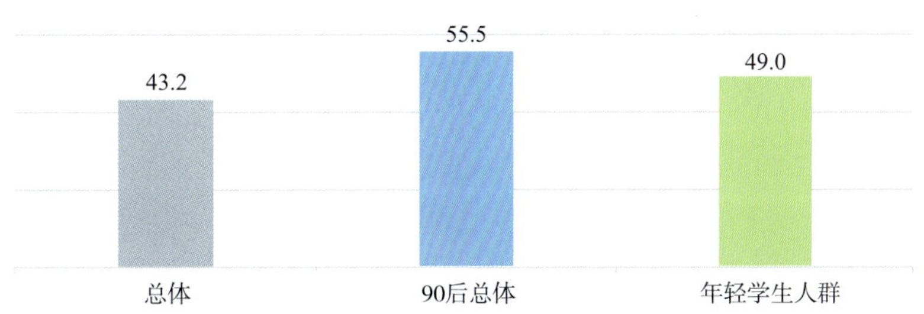

图 9-31 过去 4 周，去电影院看电影的比例（%）

（数据来源：CNRS-TGI 中国城市居民调查 2017.10～2018.9，60 城市）

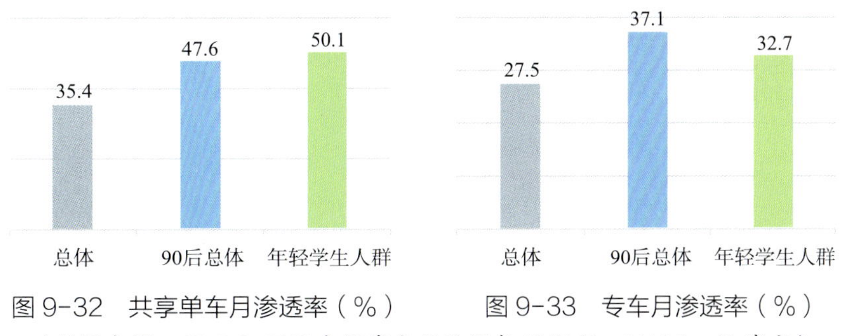

图 9-32 共享单车月渗透率（%）　　图 9-33 专车月渗透率（%）

（数据来源：CNRS-TGI 中国城市居民调查 2017.10～2018.9，60 城市）

侈品牌的认知率非常高，远远高于城市居民总体，但其拥有率却较低。由于他们目前正在求学阶段，经济并不独立，或者说收入较低，所以购买能力受限。

2. 底层奋斗群体

（1）背景特征：

①近半集中在 23～24 岁，七成单身：底层奋斗群体中 23～24 岁占比 44.8%，19～24 岁占比 68.9%。他们年纪较轻，七成单身（图 9-34、图 9-35）。

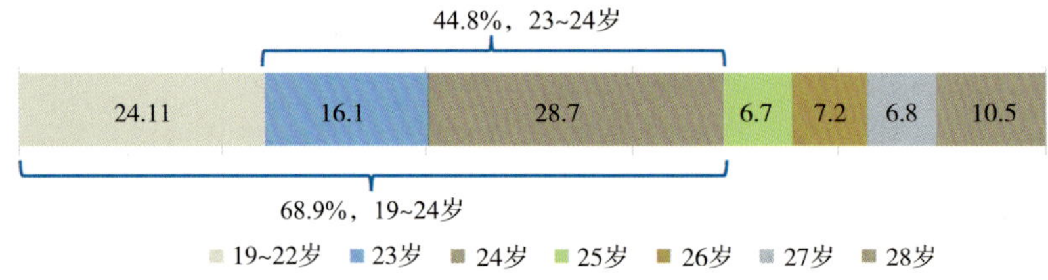

图 9-34　底层奋斗人群年龄分布（%）

（数据来源：CNRS-TGI 中国城市居民调查 2017.10～2018.9，60 城市）

② 90 后人群中学历最低的一群：底层奋斗人群 68.9% 拥有高等学历（大专及以上学历），而这一比例在 90 后总体中是 81.4%。他们的年龄虽主要集中在 19～24 岁，但他们中仅有 0.1% 是学生，92.7% 都已经有全职工作（图 9-36、图 9-37）。

③个人月收入 6221 元，家庭月收入 13510 元：底层奋斗人群个人月收入 6221 元（90 后总体是 8113 元），家庭月收入 13510 元（90 后总体是 17314 元）。

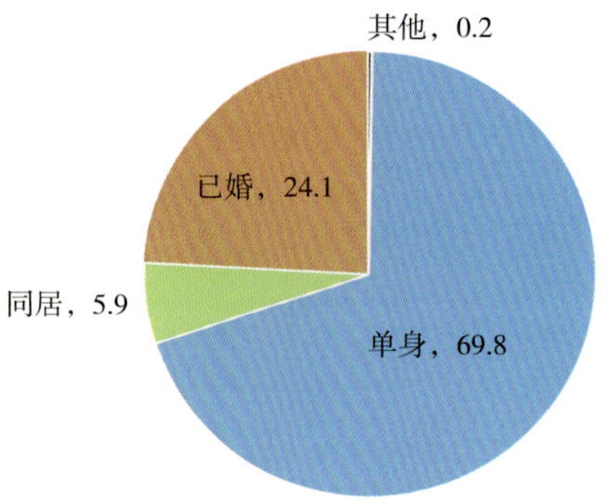

图 9-35　底层奋斗人群婚姻状况（%）

（数据来源：CNRS-TGI 中国城市居民调查 2017.10～2018.9，60 城市）

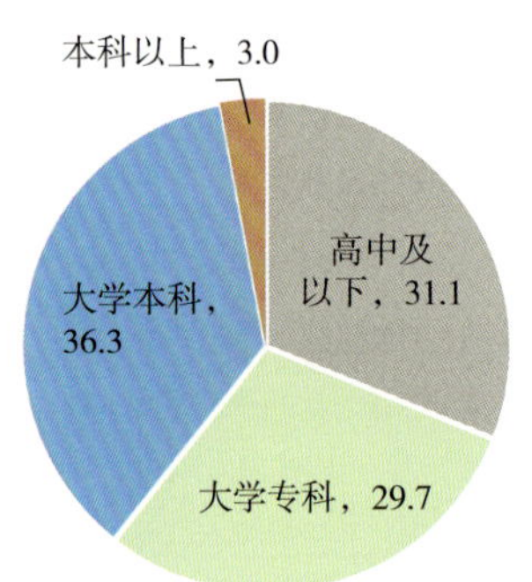

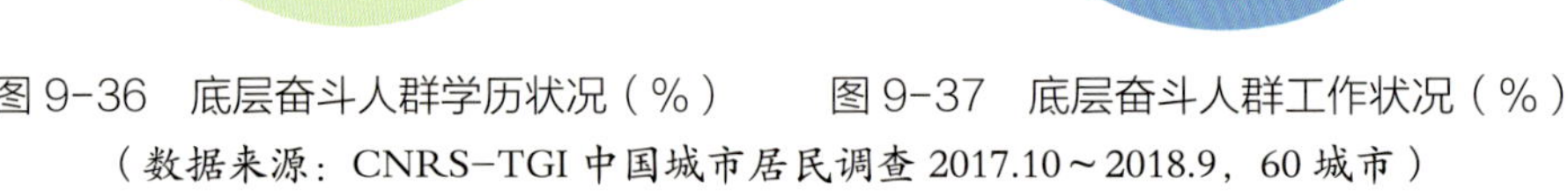

图 9-36　底层奋斗人群学历状况（%）　　图 9-37　底层奋斗人群工作状况（%）

（数据来源：CNRS-TGI 中国城市居民调查 2017.10～2018.9，60 城市）

综上，底层奋斗人群主要涵盖两类，一是学历较低年纪很小就走上社会的（个人和家庭收入都不高），二是高等学历毕业但仍然在默默奋斗的（个人收入不高）。

（2）时尚产品消费：

①七成以上在意时尚和流行，以观察身边人为主：74.3% 底层奋斗会关注时尚信息，以观察身边人为主（图 9-38、图 9-39）。

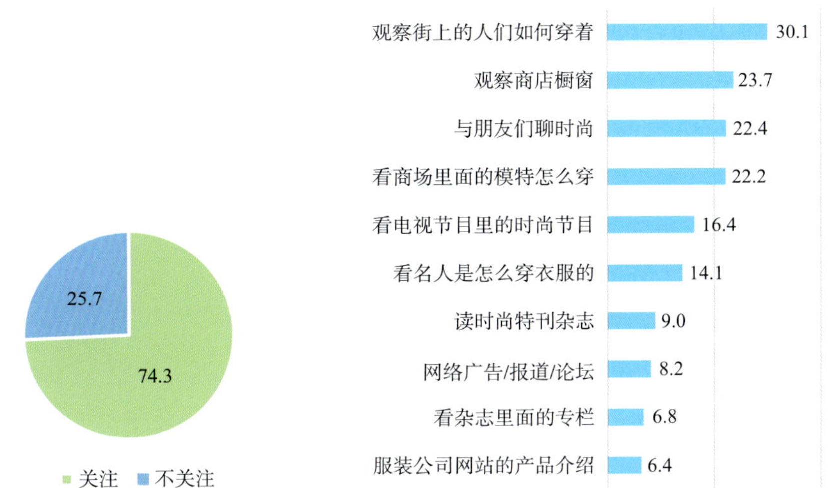

图 9-38　是否关注时尚信息（%）　　图 9-39　了解时尚信息的渠道 TOP5（%）

（数据来源：CNRS-TGI 中国城市居民调查 2017.10～2018.9，60 城市）

②休闲装和牛仔裤是最常购买的服装类型：与 90 后总体相比，底层奋斗人群更倾向于购买休闲裤、牛仔裤、单件上装、裙子、长袖 T 恤、衬衫等（图 9-40）。

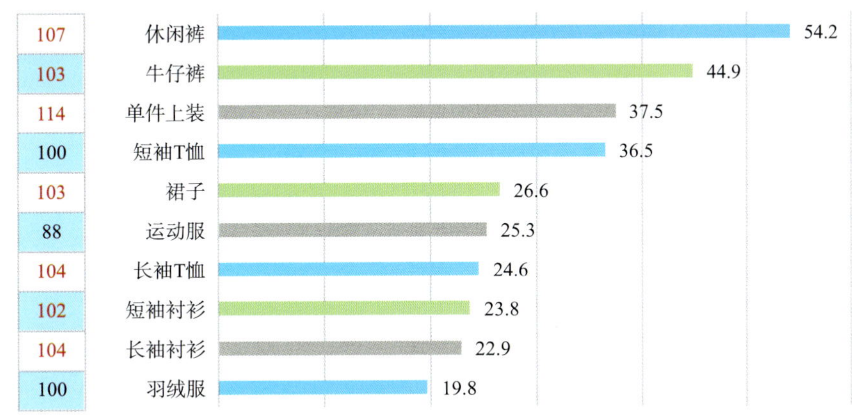

图 9-40　购买的服装类型 TOP10（INDEX/%）

（数据来源：CNRS-TGI 中国城市居民调查 2017.10～2018.9，60 城市）

③最常购买的服装品牌：优衣库是女性底层奋斗最常购买的服装品牌。相较于 90 后女性总体，艾格、哥弟和蜜雪儿才是她们最倾向于购买的品牌（图 9-41）。

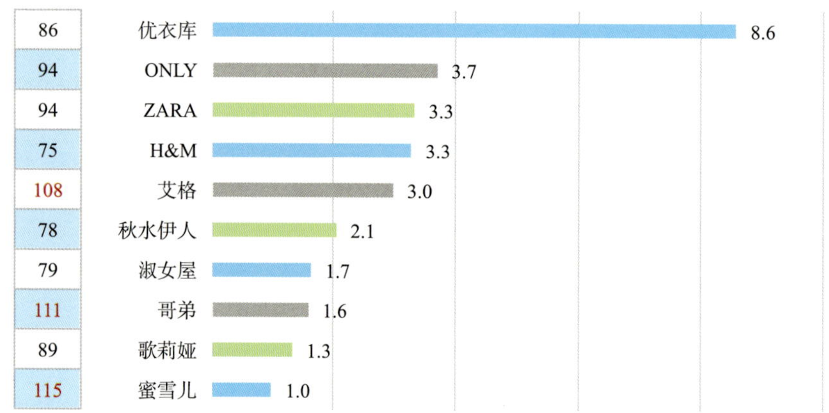

图 9-41　女性底层奋斗人群最经常购买的女装品牌 TOP10（INDEX/%）

（数据来源：CNRS-TGI 中国城市居民调查 2017.10～2018.9，60 城市）

海澜之家是男性底层奋斗最常购买的服装品牌。相较于 90 后男性总体，他们对杰克琼斯、柒牌的购买倾向更高（图 9-42）。

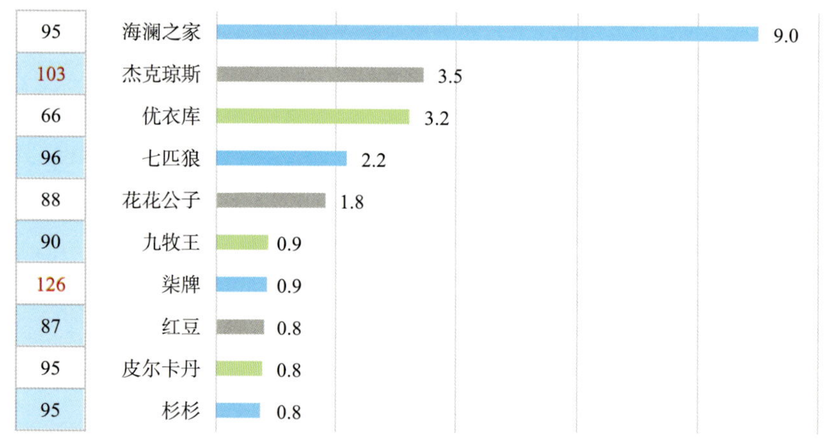

图 9-42　男性底层奋斗人群最经常购买的男装品牌 TOP10（INDEX/%）

（数据来源：CNRS-TGI 中国城市居民调查 2017.10～2018.9，60 城市）

④护肤品 & 彩妆的使用较 90 后总体低：底层奋斗女性对护肤品和彩妆的年渗透较 90 后女性总体低，但较城市居民女性总体高。底层奋斗男性护肤品年渗透较城市居民总体还要低（图 9-43、图 9-44）。

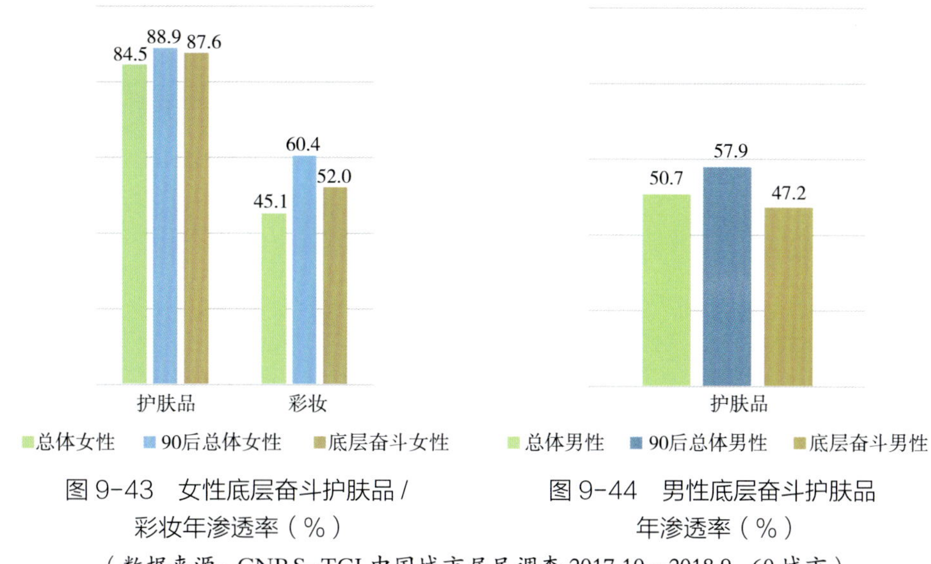

图 9-43　女性底层奋斗护肤品 / 彩妆年渗透率（%）

图 9-44　男性底层奋斗护肤品年渗透率（%）

（数据来源：CNRS-TGI 中国城市居民调查 2017.10～2018.9，60 城市）

（3）泛时尚消费：

①与 90 后总体相比，更倾向于选择中式快餐店内就餐：底层奋斗人群与 90 后总体一致，快餐和饭馆 / 饭店都是他们经常吃饭的选择。其中，与其他人群相比，底层奋斗对中式快餐店内就餐的选择倾向更强（图 9-45）。

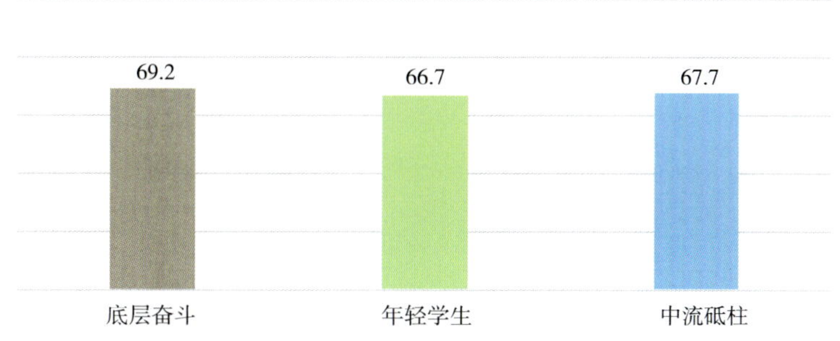

图 9-45　过去 1 年，在中式快餐店店内用餐的比例（%）

（数据来源：CNRS-TGI 中国城市居民调查 2017.10～2018.9，60 城市）

②更喜欢立即兑现的促销方式：相较于中流砥柱喜欢的积分 / 优惠卡，年轻学生喜欢的返券，底层奋斗人群更喜欢立即兑现的促销优惠方式。如买赠和直接打折是他们更倾向参与的促销活动（图 9-46）。

③喜欢的休闲运动方式更“接地气儿”：底层奋斗人群的休闲运动方式相较于其他 90 后人群更沉稳，更“接地气儿”。当然，90 后喜欢的上网、听音乐、逛街 / 购物他

们也同样喜欢。除此之外，他们还倾向于散步、走亲访友、下棋（图 9-47）。

图 9-46 底层奋斗人群更愿意接受的促销 / 销售方式（INDEX）
（数据来源：CNRS-TGI 中国城市居民调查 2017.10～2018.9，60 城市）

（4）生活态度：

①对时尚的理解本就不多，而经济状况进一步决定他们的时尚消费力不高：底层奋斗人群对时尚的理解与年轻学生差不多，但年轻学生人群在经济上更为宽裕。底层奋斗人群有经济和工作上的双重压力，他们的时尚投入有限，消费力不足。

②“又穷又丧”的一群：他们感觉“对目前生活状况不满足”，且“无力改变生活”。不同于年轻学生的焦虑感，底层奋斗人群有一种无力感。

3. 中流砥柱群体

（1）背景特征：

①半数以上集中在 25～28 岁，五成单身：中流砥柱人群年龄较为分散，多集中在 22 岁以上。25～28 岁占比 54.1%，已从职场小白进阶。他们中近半单身，但已婚也有四成，逐步走入稳定的家庭生活（图 9-48、图 9-49）。

②学历高，九成以上全职工作：中流砥柱在 90 后三类人群中学历最高，他们中有 93.1% 拥有高等学历（大专及以上学历），远远高于年轻学生的 86.5% 和底层奋斗的

图 9-47 底层奋斗人群休闲运动倾向性（INDEX）
（数据来源：CNRS-TGI 中国城市居民调查 2017.10～2018.9，60 城市）

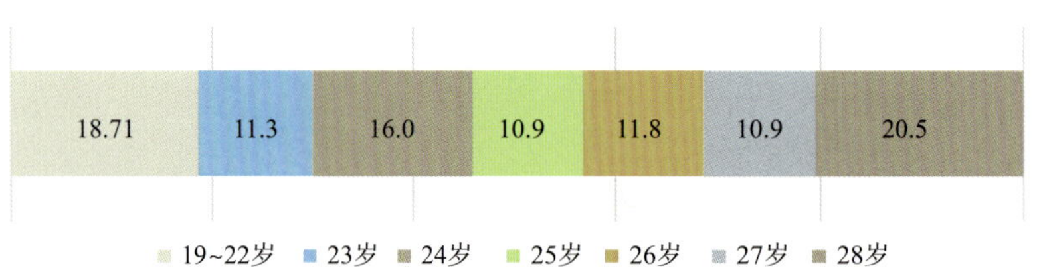

图 9-48 中流砥柱人群年龄分布（%）
（数据来源：CNRS-TGI 中国城市居民调查 2017.10～2018.9，60 城市）

68.9%（图 9-50、图 9-51）。

③个人月收入 11025 元，家庭月收入 22911 元：中流砥柱人群相较于其他 90 后，他们的个人月收入和家庭月收入都是最高的。且他们的个人月收入几乎是底层奋斗的两倍。较高的收入推高了他们的个人时尚消费。

（2）时尚产品消费：

①了解时尚的渠道更“专业”，学习的味道更浓：与 90 后总体人群一致，商场模特和街上行人的穿搭都是他们了解时尚的重要渠道。除此之外，中流砥柱倾向的渠道是电视时尚节目、名人穿搭、时尚杂志、网络和品牌官网。可见，他们对时尚的了解渠道更“专业”（图 9-52）。

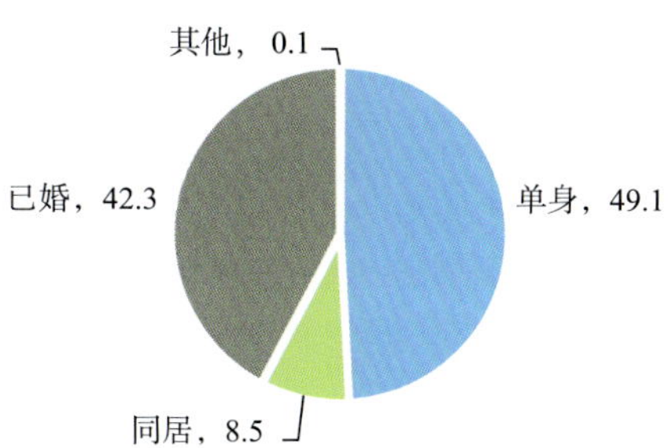

图 9-49　中流砥柱人群婚姻状况（%）

（数据来源：CNRS-TGI 中国城市居民调查 2017.10～2018.9，60 城市）

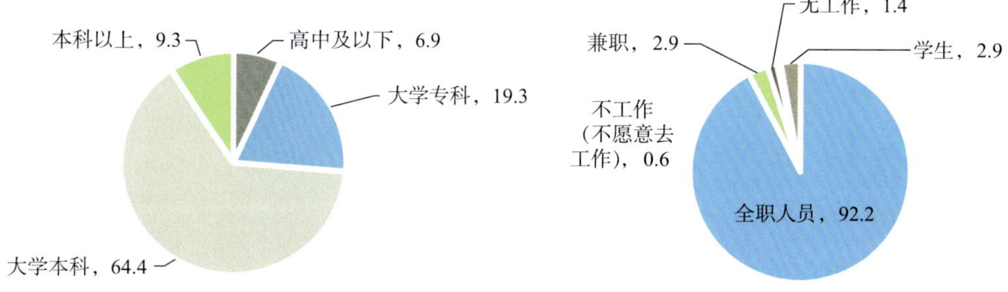

图 9-50　中流砥柱人群学历状况（%）　　图 9-51　中流砥柱人群工作状况（%）

（数据来源：CNRS-TGI 中国城市居民调查 2017.10～2018.9，60 城市）

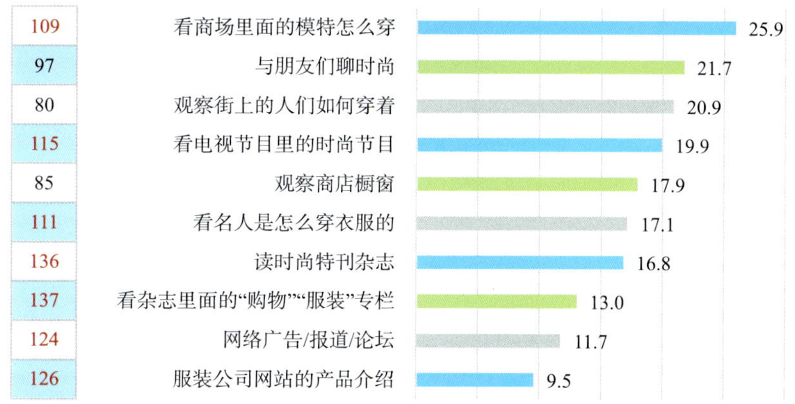

图 9-52　中流砥柱人群喜欢了解时尚方面的信息的渠道（INDEX/%）

（数据来源：CNRS-TGI 中国城市居民调查 2017.10～2018.9，60 城市）

②更偏向于职业穿搭：与 90 后总体一致，休闲裤是中流砥柱最常购买的服装类型。同时他们也有自己的穿着特点。在他们职场精英的定位下，他们与套装、西服、毛呢大衣等更“相关”（图 9-53、图 9-54）。

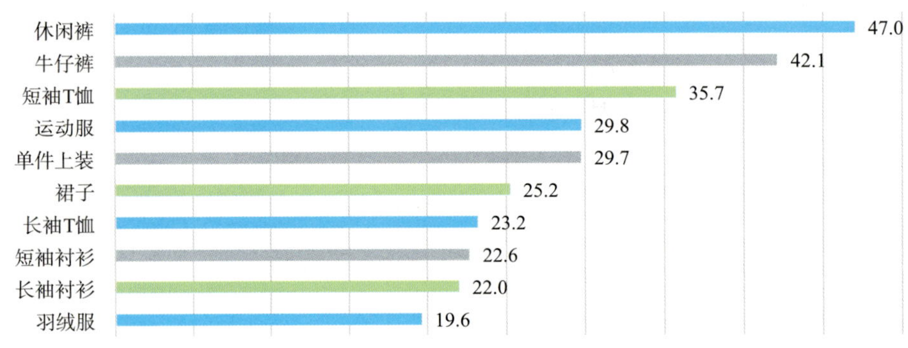

图 9-53　中流砥柱人群购买的服装类型（%）

（数据来源：CNRS-TGI 中国城市居民调查 2017.10～2018.9，60 城市）

图 9-54　中流砥柱人群购买的服装类型（INDEX）

（数据来源：CNRS-TGI 中国城市居民调查 2017.10～2018.9，60 城市）

③最喜欢购买的服装品牌：优衣库是女性中流砥柱最常购买的服装品牌，海澜之家是男性中流砥柱最常购买的服装品牌。且两品牌领先优势巨大（图 9-55、图 9-56）。

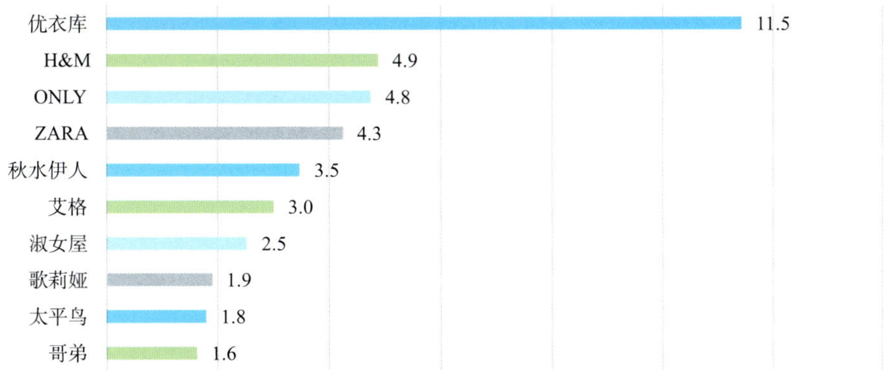

图 9-55　女性中流砥柱人群最经常购买的女装品牌（%）
（数据来源：CNRS-TGI 中国城市居民调查 2017.10～2018.9，60 城市）

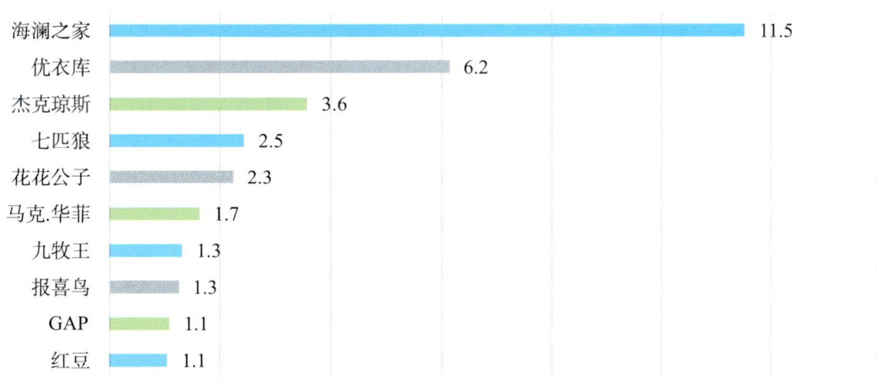

图 9-56　男性中流砥柱人群最经常购买的男装品牌（%）
（数据来源：CNRS-TGI 中国城市居民调查 2017.10～2018.9，60 城市）

④护肤品 & 彩妆消费高：女性中流砥柱护肤品使用较 90 后总体略高，但彩妆使用率远远高于 90 后总体。男性中流砥柱护肤品的使用较 90 后总体更为普遍。与 90 后总体一致，大型超市是他们最常购买护肤品的渠道。但是他们对互联网渠道更有倾向性（图 9-57~ 图 9-59）。

（3）泛时尚消费：

①关注可穿戴及智能设备：52.5% 中流砥柱拥有可穿戴及智能设备，其中智能手环、智能手表拥有率都在 15% 左右。相比于年轻学生和底层奋斗人群，中流砥柱对可穿戴及智能设备的消费欲望和消费力都更高（图 9-60、图 9-61）。

②充实的生活带来丰富的服务消费：中流砥柱对电影院、健身房、美容院、酒吧的接触都远远高于 90 后人群总体（图 9-62）。

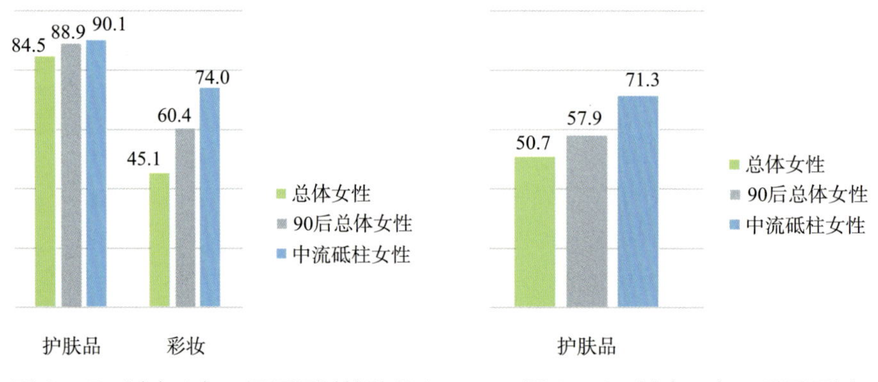

图 9-57　过去 1 年，是否用过护肤品 / 彩妆（%）

图 9-58　过去 1 年，是否用过护肤品（%）

（数据来源：CNRS-TGI 中国城市居民调查 2017.10～2018.9，60 城市）

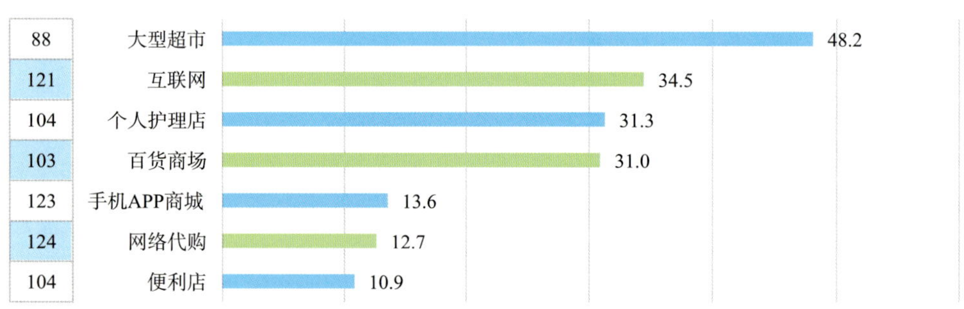

图 9-59　购买护肤品常去的地方（INDEX/%）

（数据来源：CNRS-TGI 中国城市居民调查 2017.10～2018.9，60 城市）

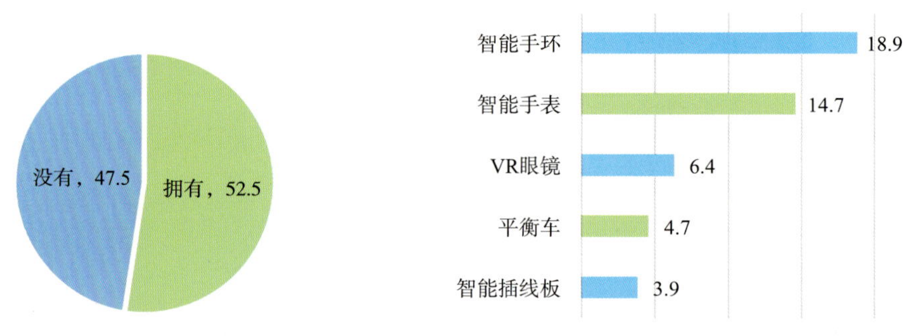

图 9-60　是否拥有可穿戴及智能设备（%）

图 9-61　拥有的可穿戴及智能设备（%）

（数据来源：CNRS-TGI 中国城市居民调查 2017.10～2018.9，60 城市）

图 9-62　中流砥柱人群常见服务消费类型的发生频率（%）
（数据来源：CNRS-TGI 中国城市居民调查 2017.10～2018.9，60 城市）

③爱旅行：中流砥柱私人旅行及出差的比例都很高，远远高于城市居民总体和 90 后总体。他们的外出需求对交通和住宿消费都有推动。未来一年，中流砥柱计划旅行地主要是东南亚国家，但对澳大利亚 / 新西兰和欧洲国家的热情也很高（图 9-63、图 9-64）。

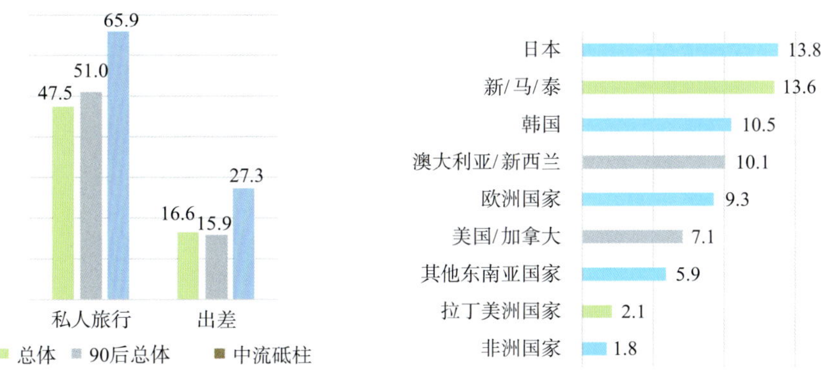

图 9-63　出行比例（%）　　图 9-64　中流砥柱未来一年计划旅行地（%）
（数据来源：CNRS-TGI 中国城市居民调查 2017.10～2018.9，60 城市）

④注重学习与自我增值：中流砥柱参加教育培训的积极性更高，尤其职业技能培训。除此之外，生活中，他们也有良好的阅读习惯，39.8% 过去一年阅读的书籍在 10 本以上。他们生活充实，爱好多样，同时愿意学习和自我增值，是非常上进的一个群体（图 9-65~ 图 9-67）。

（4）生活态度：

①工作努力，注重个人发展（图 9-68）。

②兴趣多样，爱好结交朋友，也关注家庭（图 9-69）。

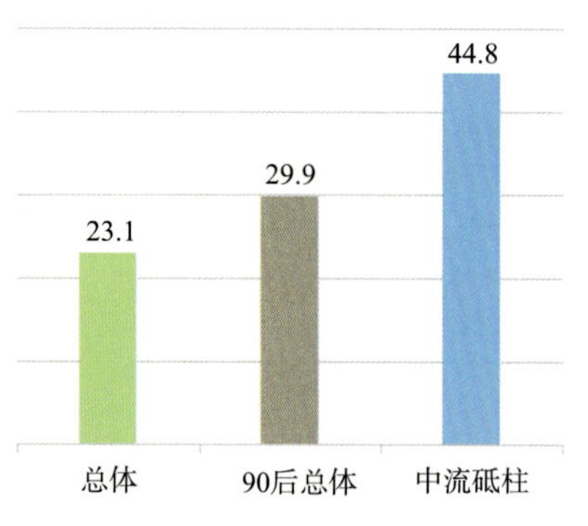

图 9-65 未来一年，有计划参加培训的比例（%）

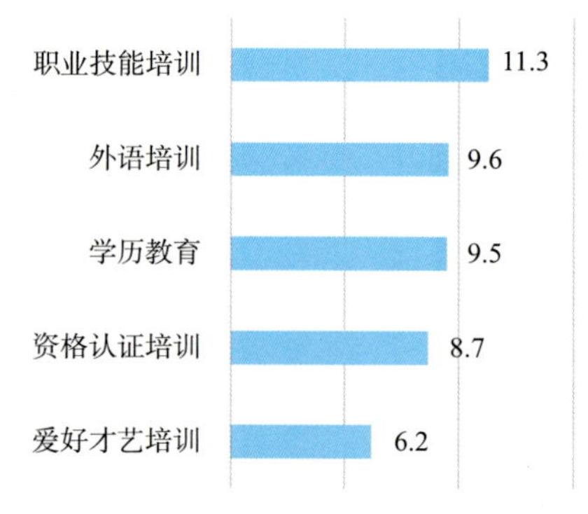

图 9-66 中流砥柱计划参加的培训（%）

（数据来源：CNRS-TGI 中国城市居民调查 2017.10～2018.9，60 城市）

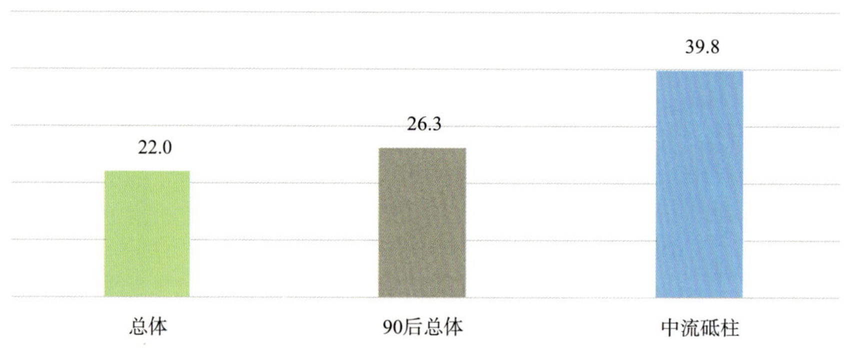

图 9-67 过去 1 年，阅读书籍在 10 本以上的比例（%）

（数据来源：CNRS-TGI 中国城市居民调查 2017.10～2018.9，60 城市）

图 9-68 生活形态语句同意程度（INDEX）

（数据来源：CNRS-TGI 中国城市居民调查 2017.10～2018.9，60 城市）

③渴望变化与突破，关注小众品牌（图 9-70）。

④关注时尚，身边人的“时尚顾问”（图 9-71）。

图 9-69　生活形态语句同意程度（INDEX）

（数据来源：CNRS-TGI 中国城市居民调查 2017.10～2018.9，60 城市）

图 9-70　生活形态语句同意程度（INDEX）

（数据来源：CNRS-TGI 中国城市居民调查 2017.10～2018.9，60 城市）

图 9-71　生活形态语句同意程度（INDEX）

（数据来源：CNRS-TGI 中国城市居民调查 2017.10～2018.9，60 城市）

四、新媒体对 90 后的消费行为影响

（一）手机 app 接触

手机上网日到达率在 90 后人群中是 84.5%，而这一比例在城市居民总体中仅有 71.3%。鉴于手机上网对 90 后的影响巨大，我们分析了该群体对购物类、社交类 app 的接触情况（日到达率）。

1. 购物类 app 日到达 TOP5（图 9-72）

图 9-72 90 后购物类 app 日到达率（%）

（数据来源：CNRS-TGI 中国城市居民调查 2017.10～2018.9，60 城市）

2. 社交类 app 日到达 TOP5（图 9-73）

图 9-73 90 后社交类 app 日到达率（%）

（数据来源：CNRS-TGI 中国城市居民调查 2017.10～2018.9，60 城市）

（二）流量（网红 / 主播）到销量的转化

1. 对网红 / 主播的关注度及关注渠道

（1）90 后对网红 / 主播的关注度远远高于总体（图 9-74）。

（2）关注渠道：短视频平台、微博 / 微信和直播平台是 90 后关注网红 / 主播的主

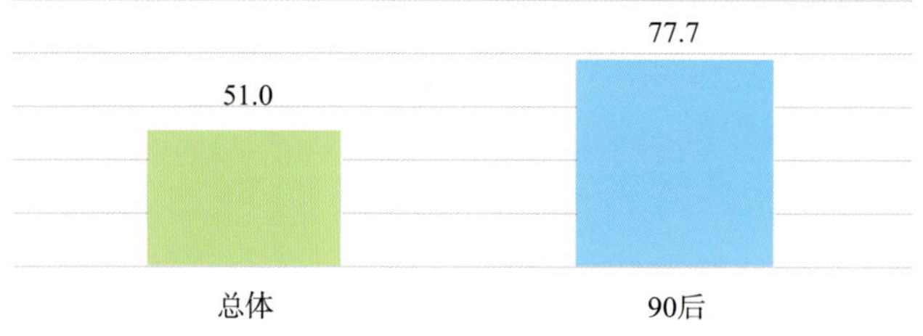

图 9-74 关注网红 / 主播的比例（%）

（数据来源：线上调查，总体 N=1937，90 后 N=421）

要渠道（图 9-75）。

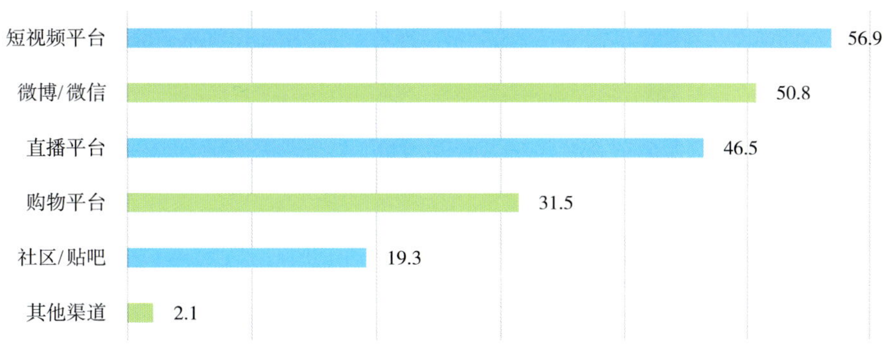

图 9-75　90 后关注网红 / 主播的渠道（%）
（数据来源：线上调查，关注网红 / 主播的 90 后 N=327）

（3）关注的网红 / 主播类型：90 后对时尚穿搭和搞笑主播关注度最高，其次是美妆和游戏主播。而时尚穿搭和美妆主播本就是“种草”主体，他们的展示过程会给受众美的愉悦，从而对受众产生兴趣 - 购买行为带来积极推动作用（图 9-76）。

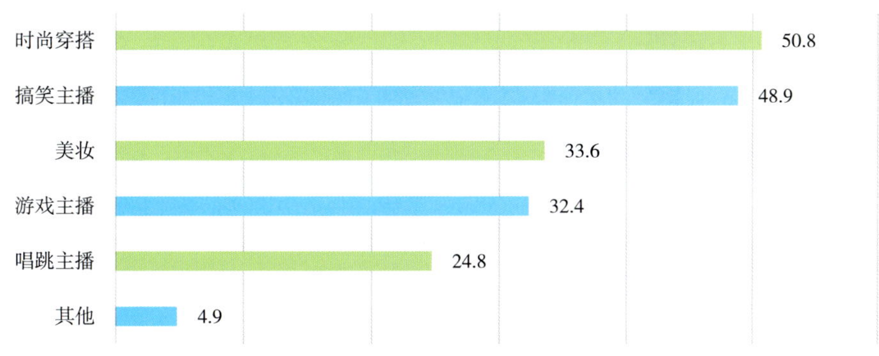

图 9-76　90 后关注网红 / 主播的类型（%）
（数据来源：线上调查，关注网红 / 主播的 90 后 N=327）

（4）近一半 90 后愿意打赏喜欢的主播（图 9-77）。

2. 网红 / 主播“种草力”

（1）近半 90 后只会“种草”知名品牌：对于网红 / 主播推荐的产品 / 品牌，有 83.5% 的 90 后会考虑购买。其中，46.8% 仅会“种草”那些知名品牌，对非知名品牌不会考虑。但也有 36.7% 的人更为执着，对于他们中意的主播推荐产品，无论是不是知名品牌，都会加入心愿名单（图 9-78）。

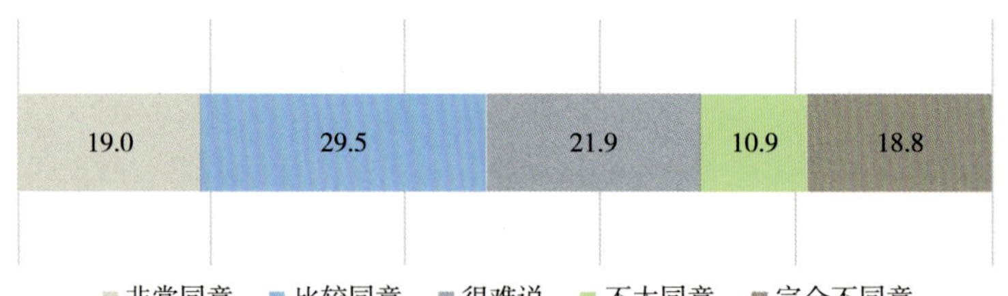

图 9-77　90 后对“我愿意打赏我喜欢的网红 / 主播”的同意程度（%）
（数据来源：线上调查，90 后 N=421）

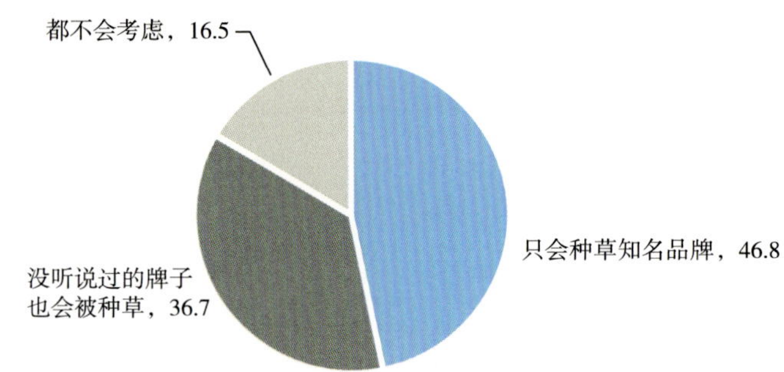

图 9-78　90 后对网红 / 主播“种草”的接受程度（%）
（数据来源：线上调查，关注网红 / 主播的 90 后 N=327）

（2）“种草”产品类型：服装、配饰都是“种草”最多的产品类型，其次是护肤 / 美妆和 IT 电子产品。这与他们喜欢看时尚穿搭、美妆、游戏主播的需求一致（图 9-79）。

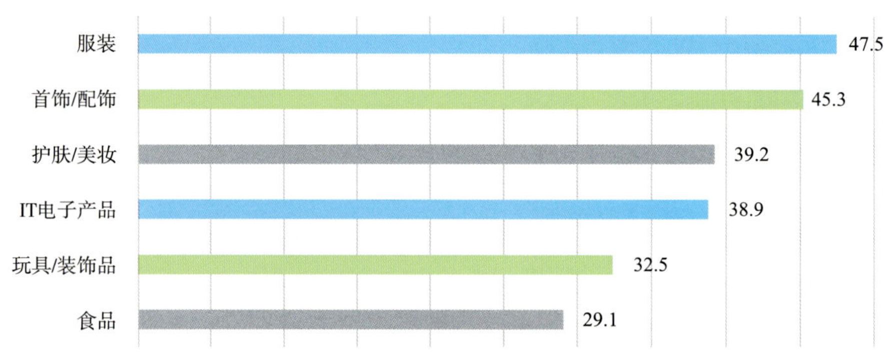

图 9-79　90 后对网红 / 主播“种草”的接受程度（%）
（数据来源：线上调查，关注网红 / 主播的 90 后 N=327）

（3）四成 90 后总被网红“种草”（图 9-80）。

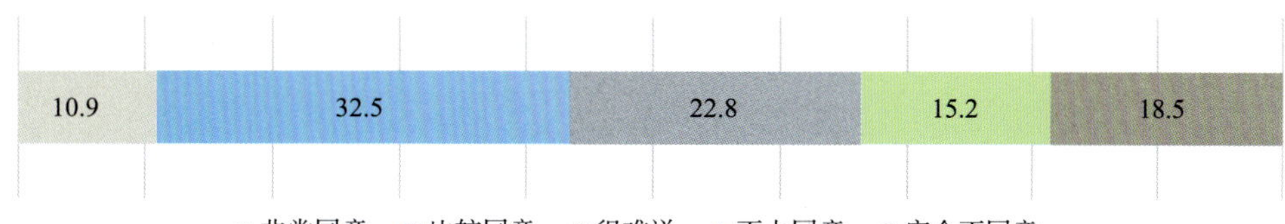

图 9-80 90 后对“我总被网红 / 主播种草”的同意程度（%）
（数据来源：线上调查，90 后 N=421）

3. 流量（网红 / 主播）到销量的转化

（1）由于对网红 / 主播的信任度有限，六成“拔草”前会多方了解再做决定（图 9-81）。

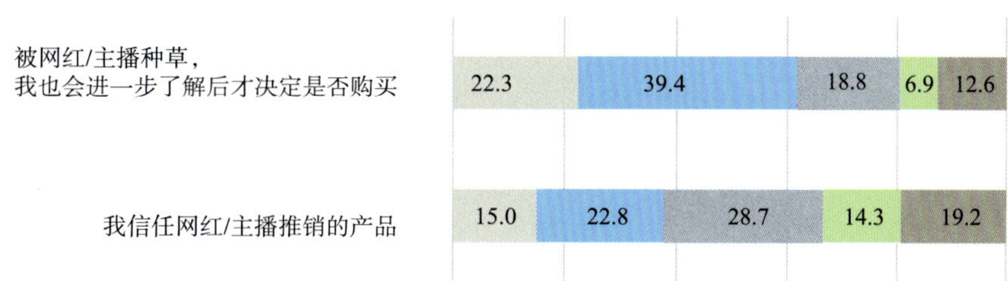

图 9-81 90 后对语句的同意程度（%）
（数据来源：线上调查，90 后 N=421）

（2）“拔过草”的产品（图 9-82）。

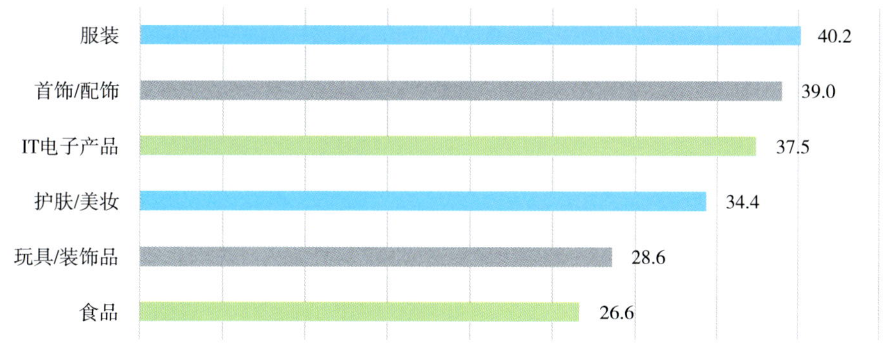

图 9-82 90 后拔过草的产品品类（%）
（数据来源：线上调查，关注网红 / 主播的 90 后 N=327）

（北京服装学院商学院，央视市场研究股份有限公司）

参考文献

[1] 网红互联网消费影响力榜单［R］. 阿里巴巴集团，2017. 08.
[2] 2018 淘宝数据报告［R］. 淘宝网，2019. 01.
[3] 中国互联网消费生态大数据报告［R］. 第一财经商业数据中心（CBNData），2018. 12.

目录

CONTENTS

第一篇
案例实践篇

01

第二篇 专题理论篇

65